Auch sonntags etwas Kleines

Beat Sterchi

# *Auch sonntags etwas Kleines*

Lange Listen,
kurze Geschichten

Rotpunktverlag

Der Autor dankt der Schweizer Kulturstiftung PRO HELVETIA,
STADT UND KANTON BERN für die Unterstützung seiner Arbeit

Die Deutsche Bibliothek – CIP-Einheitsaufnahme

Sterchi, Beat:
Auch sonntags etwas Kleines :
Lange Listen, kurze Geschichten /
Beat Sterchi. – Zürich : Rotpunktverl., 1999
ISBN 3-85869-181-X.

© 1999 Rotpunktverlag, Zürich

Alle Rechte vorbehalten.
Nachdruck in jeder Form, Speichern auf Datenträger sowie die
Wiedergabe durch Fernsehen, Rundfunk, Film, Bild- und Tonträger
oder Benützung für Vorträge, auch auszugsweise, nur mit
Genehmigung des Verlags.

Umschlaggestaltung: Agnès Laube, Zürich
Umschlagbild: Peter Iseli
Druck und Bindung: Offizin Andersen Nexö Leipzig

ISBN 3-85869-181-X

1. Auflage

# Inhalt

## 1. TEIL:
## LISTEN UND EXPERIMENTE

Alle .................................... 11
Sparen .................................. 13
Kaufen .................................. 14
Klauen .................................. 15
Lügen ................................... 16
Schön sein .............................. 17
Stil .................................... 18
Berufungen .............................. 19
Arbeiten ................................ 21
Arbeit .................................. 22
Karriere ................................ 23
Innen und außen ......................... 24
Der menschlichen Menschen Menschlichkeit .. 25
Menschen ................................ 26
Die Frage ............................... 27
Aufräumen ............................... 28
Die Geldanlage .......................... 29
Er und sie .............................. 30
Schlösser ............................... 31
Parkplatz ............................... 32
Die Reiseagentur empfiehlt .............. 33
Reisewelt ............................... 34
Interlaken-Ost .......................... 35
Das Fremdenzimmer ....................... 36

| | |
|---|---|
| Der Niesen | 37 |
| Die Mittelklasse | 38 |
| Das Einfamilienhaus | 39 |
| Eben | 40 |
| Helen Schwarz | 41 |
| Die Landesausstellung | 43 |

## 2. TEIL:
## KURZE GESCHICHTEN

| | |
|---|---|
| Abend | 47 |
| See | 48 |
| Der Rücken | 49 |
| Fenster | 51 |
| Blicke | 52 |
| Zündung | 53 |
| Der Spielplatz | 54 |
| Tellerservice | 55 |
| Der Koffer | 56 |
| Halt | 57 |
| Warten | 59 |
| Im Zug | 60 |
| Und so und so und so | 61 |
| Tatendrang | 62 |
| Lichtbild | 63 |
| Frau Meier und Frau Müller | 64 |
| Auf der Bank im Park am See | 65 |
| Zurück in Zürich | 66 |
| Die Malerin | 67 |

| | |
|---|---|
| Balthus | 69 |
| Die Galeristin | 71 |
| Früh übt sich | 72 |
| Theater | 73 |
| Der Verleger und seine Autorin | 74 |
| Gespräch an einer Theke | 75 |
| Begegnung | 76 |
| Die Panne | 77 |
| Lohnrunde | 78 |
| Martha und Kaspar | 81 |
| Das Schöne | 82 |
| Kaffee und Kuchen | 83 |
| Papa! | 84 |
| Am Feuer | 85 |
| Bücher, nichts weiter | 86 |
| Unser Sohn! | 87 |
| Rauch | 88 |
| Das Rad | 89 |
| Der Jäger betritt die Natur | 90 |
| Lesende | 91 |
| Berg und Tal | 94 |
| Dorfgeschichte | 96 |
| Die Frau Bäckerin | 99 |
| Schwarz und Weiß | 100 |
| Zeitungsnachricht | 101 |
| Der Zebrastreifen | 102 |
| Jäger und Mitläufer | 103 |
| Wohnlage | 105 |
| Mein Nachbar, der Kriegsveteran | 106 |

# 1. TEIL

# Listen und Experimente

# ALLE

Alle bringen einander um, alle sind allen im Weg, alle gehen allen auf den Wecker, alle schreien alle an, alle verpesten allen die Luft, alle finden alle langsam, launisch und fantasielos, alle wollen den ganzen Kuchen nur für sich, alle wissen alles besser, alle wollen immer das letzte Wort haben, alle sind faul, alle sind gedankenlos, alle finden alle ungepflegt, zu dick oder zu mager, alle helfen allen nicht in den Mantel, alle helfen allen nicht ins Tram, alle sehen den Fehler nur bei allen andern, alle legen allen Steine in den Weg, alle erziehen einander, alle reden schlecht über alle, alle versuchen alle übers Ohr zu hauen, alle wollen alle beeindrucken, alle versuchen alle zu manipulieren, alle halten alle für dumm, alle versuchen allen etwas vorzumachen, alle sind mit allen Mitteln auf ihren Vorteil aus, alle schmeicheln allen, alle sind nett zueinander, alle grüßen einander, alle geben sich die Hand, alle fragen alle nach ihrem Wohlbefinden, alle wünschen allen einen guten Tag, alle geben allen drei Küsse auf die Wangen, alle lassen allen den Vortritt, alle geben allen Auskunft, alle halten allen die Tür auf, alle helfen allen mit den Kinderwagen in den Bus, alle bieten allen ihren Sitz an, alle heben allen den heruntergefallenen Handschuh auf, alle tauschen mit allen nützliche Tips aus, alle haben für alle ein freundliches Wort, alle legen etwas in des Bettlers Hand, alle empfehlen einander, alle wählen einander, alle trinken einander zu, alle wünschen einander alles Gute zum Geburtstag, alle rufen einander aus den Ferien an, alle schreiben und faxen einander, alle haben für alle immer ein paar Minuten Zeit, alle versuchen allen alle Wünsche von den Augen abzulesen, alle geben allen ihr Wissen und ihr Können weiter, alle versuchen allen unter die Arme zu greifen, alle versuchen alle zu verstehen, alle geben einen aus, alle erzählen sich lustige Geschichten, alle hören einander zu, alle lachen sich an, alle schmücken sich für alle, alle gefallen einander, alle bewundern einander, alle zeigen einander ihre schönsten Seiten, alle singen für alle, alle verraten ihre kostbarsten Geheimnisse, alle kaufen Süßigkeiten, Blumen und gediegene Geschenke, alle flirten miteinander, alle schmusen, alle küssen einander, alle verlieben sich ineinander, alle wachsen über sich hinaus, alle sind witzig, großzügig und offen für alles, alle ernähren einander, alle wollen einander, alle lieben einander, alle gebären einander, alle lassen alle leben.

## SPAREN

Alle sparen an sich, alle sparen an den andern, alle sparen an allen, alle sparen überall, alle sparen ununterbrochen, alle sparen schneller, alle sparen höher, alle sparen länger, alle sparen, wo sie nur können, alle sparen viel, alle sparen am Benzin, alle sparen bei der Garderobe, alle sparen sich krumm, alle sparen nach Plan, alle sparen in der Pause, alle sparen intensiv, alle sparen trotzig, alle sparen sich durch, alle sparen sich hoch, alle sparen zweimal so viel, alle sparen, wo sie können, alle sparen flächendeckend, alle sparen immer neu, alle sparen an der frischen Luft, alle sparen an etwas, alle sparen am falschen Ort, alle sparen in der Zeit, alle sparen linear, alle sparen bei Gelegenheit, alle sparen bei Gott, alle sparen im Ausland, alle sparen auf der Stelle, alle sparen wie einst im Mai, alle sparen überhaupt nie, alle sparen in der Not, alle sparen auf den Bergen, alle sparen auf dem Land, alle sparen in der Luft, alle sparen zusammen, alle sparen schon lange, alle sparen heute, alle sparen morgen.

## KAUFEN

Er kauft. Sie kauft. Er verkauft. Sie verkauft. Er verkauft Wasser, Luft, Feuer und Erde. Sie kauft auch mal eine Katze im Sack. Er kauft pro Tag eine Tafel Schokolade. Sie verkauft einen alten Hut. Er geht längst nicht jedem billigen Jakob auf den Leim. Sie kauft nichts, wofür am Fernsehen geworben wird. Er kauft alles, wofür am Fernsehen geworben wird. Sie kauft nie etwas, bloß weil der Preis herabgesetzt ist. Er kauft nur in Geschäften mit Parkplatz. Sie kauft absichtlich nie etwas in Geschäften mit Parkplatz. Verkaufen ist sein Leben. Sie kauft und kauft und kauft. Er würde nie etwas kaufen, bloß weil sie es auch kauft. Sie würde nie etwas kaufen, bloß weil er es verkauft. Er kauft nur, was die Kinder wollen. Kaufen ist ihr alles. Er kauft nur dort, wo er weiß, was mit seinem Geld geschieht. Sie findet, man sollte nicht nur mehr, man sollte auch schneller kaufen. Es gibt Dinge, die würde sie nie im Leben kaufen. Er findet, die andern sollten mehr bei ihm kaufen. Sie findet, er sollte viel billiger verkaufen. Er findet, längst nicht alles drehe sich um den Preis. Sie kauft sich nur ab und zu etwas Schönes. Er findet, sie kaufe viel zu viel. Sie findet, er kaufe auch nicht weniger. Er findet kaufen und verkaufen unökologisch. Sie kauft sich auch sonntags gerne etwas Kleines.

# KLAUEN

Uschi hat vor allem damals in Paris wahnsinnig viel geklaut. Jutta klaut am liebsten in New York. Rainer immer in Rom. Karin schlägt im Urlaub überall zu. Katrin klaut nur Kosmetika. Beate und Theo klauen Windeln. Konrad klaut gebundene Gesamtausgaben. Peter klaut Zeitungen, Peggy nur Zigaretten, Judith nur Schokolade, Monique klaut Toilettenpapier aus Gaststättenklos; Stefan, ihr Mann, klaut Messer, Gabeln, Löffel und silberne Salzstreuer. Yvette klaut in Boutiquen Blusen, Ursula Handschuhe aus Ziegenleder. Gianna findet es chic, in unanständig teuren Läden zu klauen, klauen aus abgelegten Mänteln und Jacken in Garderoben und bei Kleiderablagen findet sie dagegen widerlich. Giuseppe würde nie ein Auto klauen. Heidi klaut alles, was ihr in die Finger kommt. John klaut Kinderspielzeug. Hildegard verpasst keine Gelegenheit, mindestens einen Kaugummi mitgehen zu lassen. Brigitte klaut nur, wenn sie kein Geld dabei hat. François hat nur einmal geklaut. Was Remo schon alles geklaut hat, geht auf keine Kuhhaut! Paul klaut auch aus der Kollekte. Martha klaut außer Kaviar, Schildkrötensuppe, getrockneten Steinpilzen, französischem Weichkäse und spanischem Sekt gerne Waschpulver, Zucker, Mehl und Eier. Elias klaut CDs, wo immer es geht. Alex klaut aus der Staatskasse. Armgard nur an der Börse. Frederike klaut aus dem Kaffeefonds, Adrian klaut nur aus dem Gewerkschaftsguthaben, Martin klaut höchstens aus dem Haushaltportemonnaie. Klemens klaut. Elisabeth klaut. Erich klaut. Bernhard klaut. Josef klaut. Maria klaut. Klaus klaut auch.

# LÜGEN

Männer kann man nur belügen. Überhaupt habe ich schon immer gelogen. Ich habe immer alle belogen. Ich habe meine Mutter belogen, ich habe meinen Freund belogen, ich habe schon im Kindergarten gelogen, ich habe jeden Lehrer und jede Lehrerin belogen, ich habe zuhause gelogen, ich habe über mein Alter gelogen, ich habe über meine Gesundheit gelogen, ich habe im Ausland ebenso viel wie im Inland gelogen, ich habe auf dem Straßenverkehrsamt gelogen, ich habe auf dem Standesamt gelogen, ich habe meinen Großvater belogen, ich habe die Steuerverwaltung belogen. Mensch! hab ich meinen Mann belogen, meine Kinder, meine Frau! Ich habe am Radio nicht weniger gelogen als am Fernsehen, ich habe in den Zeitungen gelogen, was das Zeug hielt! Ich habe in der Frauengruppe gelogen, ich habe bei den Anonymen Alkoholikern gelogen, ich habe im Beichtstuhl gelogen, ich habe im Verwaltungsratsausschuss gelogen, ich habe in jedem Nachruf gelogen, ich habe bei der Volksbefragung gelogen, ich habe noch jede Geliebte belogen, ich habe meinen Doktorvater belogen, ich habe meine sämtlichen Vorgesetzten und restlos alle meine Mitarbeiter und Mitarbeiterinnen ununterbrochen immer nur belogen.

## SCHÖN SEIN

Es muss bei uns schön sein. Bei uns muss alles schön sein. Ich muss schön sein. Du musst schön sein. Unser Bébé muss schön sein. Unser Hund muss schön sein. Unsere Kleider müssen schön sein. Unsere Zähne müssen schön sein. Unsere Nasen müssen schön sein. Vor allem unsere Nasen müssen schön sein. Wir müssen schön sein. Wir müssen klug und schön sein. An uns muss alles schön klug und schön sein. Unser Geschirr muss schön sein. Unser Besteck muss schön sein. Unsere Kaffeemaschine muss schön sein. Unsere Zuckerdose muss schön sein. Unser Sofa muss schön sein. Unsere Hausschuhe müssen schön sein. Unsere Frottiertücher müssen schön sein. Unsere Bettwäsche muss schön sein. Unsere Lektüre muss schön sein. Unsere Träume müssen schön sein. Unser Tag muss schön sein. Unsere Arbeit muss schön sein. Unser Urlaub muss schön sein. Unsere Reisen müssen schön sein. Unser Geld muss schön sein. Unsere Geschichte muss schön sein.

# STIL

Ich schlafe nicht in irgendeinem Bett. Ich krieche nicht unter irgendeine Decke. Weil ich bewusst sitze, setze ich mich nicht auf jeden Stuhl. Ich prüfe mit Sorgfalt und Bedacht, womit ich meinen Körper pflege. Was ich anziehe, wähle ich aus nach strengsten ästhetischen und gesundheitlichen Kriterien. Ich lege selbstverständlich großen Wert auf meine äußere Erscheinung, besonders achte ich auf eine zeitgemäße Frisur. Ich überwache auch in Restaurants genaustens, woraus meine Nahrung besteht. Auf Getränkeflaschen lese ich das Kleingedruckte. Meinen Magen bringe ich mit keinen Farbstoffen in Kontakt. Meiner Lunge zuliebe meide ich Rauch und dicke Luft. In Lokalitäten, die ich unter meinem Niveau einstufe, lasse ich mich nicht blicken. Es gibt Straßen, in welche ich nie einen Fuß setze. Es gibt ganze Stadtteile, die ich absolut meide. Beim Auswählen meiner Freunde und Freundinnen lasse ich bedingungslose Strenge walten. Bevor ich eine Arbeit verrichte, prüfe ich deren Sinn und Zweck. Bevor ich einen Auftrag ausführe, lasse ich dessen soziale und ökologische Verträglichkeit begutachten. Bevor ich eine Bezahlung entgegennehme, überprüfe ich gewissenhaft Herkunft und Ursprung des Geldes.

## BERUFUNGEN

Ich bin Müllmann geworden, weil mir viel an einer sauberen Stadt liegt. Ich bin Kaminfeger geworden, weil ich die Menschen liebe und sie vor Bränden verschonen möchte. Ich bin Serviererin geworden, weil ich den Gästen jeden Wunsch von den Augen ablesen kann. Ich bin Kindergärtnerin geworden, weil ich Kinder liebe. Ich bin Polizist geworden, um mich vor die Schutzbedürftigen zu stellen. Ich bin Kaufmann geworden um der lückenlosen Versorgung der Menschen willen. Ich bin Bäcker geworden, um gesundes Brot, den soliden Grundstein jeder Versorgung, garantieren zu können. Ich habe mich zur Sozialarbeiterin ausbilden lassen, weil ich nicht mit ansehen kann, wie die Unglücklichen sich selbst überlassen werden. Ich bin Maschinenbauer geworden, um den Menschen den Umgang mit Schwerkraft und Trägheit zu erleichtern. Ich bin Lehrer geworden, weil ich überzeugt bin, dass sich die Welt nur durch eine fortschrittliche Pädagogik verändern lässt. Ich bin Baumeister geworden, weil wir alle ein Dach über dem Kopf brauchen. Ich bin dem Ruf der Kirche gefolgt, weil mir Gott alles ist. Ich bin Schauspielerin geworden, um Menschen Freude zu machen. Ich bin Journalist geworden, weil ich an den Sinn der Aufklärung glaube. Ich bin Rechtsanwältin geworden, weil ich mich für die gesetzlich benachteiligten Menschen einsetzen will. Ich bin Staatsanwalt geworden, um der Korruption der Mächtigen Einhalt zu gebieten. Ich bin Zahnarzt geworden, um Schmerzen zu lindern. Ich bin Ärztin geworden, weil ich in keinem andern Beruf den Leidenden besser helfen könnte. Ich bin Abgeordneter geworden, um die Interessen meiner Wähler zu vertreten. Ich bin General geworden, um den Frieden zu sichern. Aus Liebe zu meinem Land bin ich Präsident geworden.

# ARBEITEN

Nie würde ich in einer Konservenfabrik arbeiten, auch nicht in einer Schokoladenfabrik. In eine Uhrenfabrik würde ich keinen Fuß setzen und auf dem Bau kann ich sowieso nicht arbeiten. Ich kann mir auch nicht vorstellen, dass es Leute gibt, die sogar unter Tag, in Tunnels, in Stollen, in Schächten arbeiten. In der Landwirtschaft würde ich keinen Tag lang arbeiten, ich würde nie Kühe melken und Schweine treiben. Ich würde aber auch nie als Chauffeur arbeiten, auch nicht als Lokführer oder Busfahrer, ich würde nie in einem Gastbetrieb arbeiten, in keiner Bäckerei, keiner Brauerei, keiner Gärtnerei, in einer Metzgerei schon gar nicht. Ich verstehe nicht, wie man an einem Montag arbeiten kann. Ich verstehe nicht, wie man an einem Montagabend arbeiten kann. Ich verstehe nicht, wie man über längere Zeit in der unzumutbaren Atmosphäre eines Krankenhauses arbeiten kann, ich verstehe nicht, wie man bei der Polizei arbeiten kann, ich verstehe nicht, wie ein Mensch als Schuhverkäuferin, als Fensterputzer, als Haushaltsangestellte, als Gerüstebauer, als Geleisearbeiter, als Kassiererin arbeiten kann.

# ARBEIT

Als Mann sehe ich alle Frauen, die noch Arbeit haben. Als Frau sehe ich alle Männer, die noch Arbeit haben. Als allein stehende Frau sehe ich alle verheirateten Frauen, die noch Arbeit haben. Als allein erziehende Mutter sehe ich alle allein stehenden Frauen, die noch Arbeit haben. Als ausgebildeter Handwerker sehe ich alle Handlanger, die noch Arbeit haben. Als akademisch ausgebildete Fachfrau sehe ich alle unterqualifizierten Männer, die noch Arbeit haben. Als Immigrant aus dem europäischen Ausland sehe ich alle asiatischen Immigranten, die noch Arbeit haben. Als Immigrant aus dem asiatischen Ausland sehe ich alle afrikanischen Immigranten, die noch Arbeit haben. Als Einheimische sehe ich alle Ausländerinnen, die noch Arbeit haben. Als Jugendlicher sehe ich alle Betagten, die noch immer Arbeit haben. Als Betagter sehe ich die Jungen, die noch Arbeit haben.

# KARRIERE

Wie ich mich doch ganz am Anfang! Wie ich mich doch erst ganz unten! Wem ich mich da zu unterwerfen hatte! Wem ich da Gehorsam schuldete! Wo ich da brav zu sein hatte! Bei wem ich mich da einschmeicheln musste! Wie ich mich da zum Schein integrieren ließ! Wem ich da alles charmierte! Die Hände, die ich schütteln, halten, drücken musste! Wo ich mich dann raufgeheuchelt habe! Wo ich mich dann reinlügen konnte! Wo ich mich überall hochloben ließ! Wo ich mich reinempfehlen lassen musste! Wo ich aber überall meinen Schuh in die Tür kriegte! Welche Prüfungen es mir zu umgehen gelang! Wie ich mich unter den mir noch versperrten Türen hindurchschob! Wie ich mich noch weiter oben spielend reindoktorieren konnte! Wen ich mir da alles zurechtmanipulierte! Wo ich mich mittlerweile schon überall habe portieren lassen können! Wo ich mich mittlerweile schon überall habe wählen lassen! Was ich mit meiner Art nicht schon alles erreicht habe!

## INNEN UND AUSSEN

Innen ist innen und außen ist außen, das war schon immer so, und deshalb gibt es innen ein Inland und außen ein Ausland und dazwischen eine Grenze. Vom Inland aus betrachtet ist es aber unverständlich, dass im Ausland so viele Ausländer meinen, sie müssten raus aus dem Ausland und rein zu uns Inländern ins Inland kommen. Wo doch unser Inland ihr Ausland ist und wir Inländer ja auch nicht einfach aus dem Inland hinaus ins Ausland reisen und dort tun, als wäre das gar nicht mehr unser Ausland, als wären wir in ihrem Inland auch Inländer in ihrem eigenen Inland und nicht einfach Ausländer ohne Inland im Ausland. Darum sollen diese Ausländer aus dem Ausland bei uns Inländern im Inland jetzt auch nicht so tun, als wäre ihr Ausland nicht mehr unser Inland, sondern unser Ausland und ihr Inland. Sonst gehen wir Inländer dann plötzlich auch als Ausländer in ihr Inland und tun, als wären wir alle Inländer im Inland und sie in unserem Ausland auf einmal nichts weiter in ihrem Inland als Ausländer im Ausland und nicht Inländer im Inland voller Ausländer wie wir Inländer in unserem Inland.

## DER MENSCHLICHEN
## MENSCHEN MENSCHLICHKEIT

So viele Menschen benehmen sich derart unmenschlich, derart wie menschliche Unmenschen, dass viele, sehr viele menschliche Menschen nicht anders können, als menschlich zu reagieren, und den unmenschlichen Menschen oder den menschlichen Unmenschen erklären müssen, wie sich menschliche Unmenschen und unmenschliche Menschen menschlich mit ihrer menschlichen Unmenschlichkeit oder mit ihrer unmenschlichen Menschlichkeit wie menschliche Menschen auseinanderzusetzen haben. Wenn aber die unmenschlichen Menschen weiterhin auf ihren Unmenschlichkeiten beharren, sehen sich die menschlichen Menschen, die allen Unmenschlichkeiten mit menschlicher Abscheu gegenüberstehen, ihrerseits gezwungen, zu Unmenschlichkeiten zu greifen, um die unmenschlichen Menschen endlich zu mehr Menschlichkeit zu zwingen. Die unmenschlichen Menschen sollen nämlich nicht denken, die menschlichen Menschen wären nicht zur Unmenschlichkeit fähig, wenn auch nur aus dem menschlichen Grund, den unmenschlichen Menschen ihre Unmenschlichkeit auszutreiben, um sie auf den menschlichen Weg der menschlichen Menschen Menschlichkeit zurückzuführen.

## MENSCHEN

Diese Menschen, die von andern Menschen gezeugt werden. Diese Menschen mit ihrem Brot, das von andern Menschen gebacken wird. Diese Menschen unter ihrem Dach, das von andern Menschen gedeckt wird. Diese Menschen in ihrem Garten, der von andern Menschen bewässert wird. Diese Menschen mit ihren Türen, die von andern Menschen geöffnet werden. Diese Menschen mit ihren neuen Kleidern, die von andern Menschen genäht werden. Diese Menschen mit ihren Haaren, die von andern Menschen gefärbt werden. Diese Menschen in ihren Stiefeln, die von andern Menschen geglänzt werden. Diese Menschen mit ihren Liedern, die von andern Menschen gesungen werden. Diese Menschen mit ihren Bildern, die von andern Menschen erfunden werden. Diese Menschen mit ihren Worten, die von andern Menschen gehört werden. Diese Menschen mit ihren Händen, die von andern Menschen gehalten werden. Diese Menschen mit ihren Gesichtern, die von andern Menschen geküsst werden. Diese Menschen mit ihren Tränen, die von andern Menschen vergossen werden. Diese Menschen mit ihren Schreien, die von andern Menschen ausgestoßen werden. Diese Menschen hinter ihren Vorhängen, die von andern Menschen zerrissen werden. Diese Menschen mit ihrer Zukunft, die von andern Menschen gelebt wird.

## DIE FRAGE

Auch die Frage hat es nicht leicht. Vielerorts will man von ihr gar nichts hören. Mit dieser Frage wollen wir nichts zu tun haben!, heißt es dann. Diese Frage geht uns nichts an! Mit dieser Frage haben wir uns lange genug herumgeschlagen! Mit dieser Frage braucht uns niemand mehr zu belästigen!

Anderenorts kümmert man sich zwar um sie, man redet von ihr, nimmt sich ihrer an, nimmt sie auf, aber man stellt sie hierhin, man stellt sie dorthin.

Manchmal sagt jemand: Diese Frage stelle ich jetzt einfach in den Raum.

Dort steht sie dann, wartet, langweilt sich.

Und manchmal wird gefragt: Darf man hier vielleicht diese Frage aufwerfen?

Oft wird sie dann unglücklich fallen gelassen, ohne dass jemand auch nur versuchen würde, ihr ein bisschen unter die Arme zu greifen, sie wieder aufzunehmen. Achtlos stolpert man über sie hinweg.

## AUFRÄUMEN

So, jetzt wird hier aber einmal aufgeräumt! Ab sofort kommen die Kleider auf den Stuhl, die Schuhe vor die Tür und alle Spielsachen in die Truhe. Die Bilderbücher kommen ab sofort aufs Regal, die schmutzigen Kleider in die Wäsche, die Jacke in den Schrank, die Gläser zurück in die Küche, der Teller in den Abwasch und der Hut an den Haken. Ab sofort kommen die Puppen in ihren Korb, der Besen in die Ecke, die Hände auf den Tisch, das Hemd in die Hose, der Müll in einen Sack und der Sack vors Haus. Ab sofort kommen auch die Fahrräder in den Keller, der Hund kommt an die Kette, der Wagen in die Garage. Das gefallene Laub kommt auf den Kompost, die leeren Flaschen kommen zur Sammelstelle. Jetzt wird einmal aufgeräumt! Jetzt kommt jedes Ding an seinen Ort, jedes Herz auf den rechten Fleck. Jetzt bekommen Pflanzen und Bäume Wasser, streunende Katzen bekommen neue Besitzer, die Obdachlosen eine Wohnung, die Vertriebenen eine Heimat. Ab sofort kommen die Soldaten nachhause. Ab sofort kommen die Analphabeten in die Schule, die Hungrigen in die Küche, die Kranken in Pflege. Die Schwachen kommen zum Sportverein, die Dicken in den Arbeitsdienst. Ab sofort kommen die Klugen an die Macht. Die Minderbemittelten kommen zum Finanzminister, die Hochtrabenden auf den Boden, die Faulen an die Luft, ab sofort kommen die Betrüger vor Gericht, die Schmarotzer in die Pflicht, die Blender in die Dunkelheit und die im Dunkeln ans Licht.

## DIE GELDANLAGE

Früher haben die Esel das Geld geschissen, heute wird das Geld hergestellt. Zuerst wird über die ganze Stadt ein Gerüst gebaut aus Balken dick und stark und unsichtbar. Die scharfsinnigsten Männer und Frauen bedienen auf Arbeitsplattformen ausgeklügelte Messgeräte und Rechenmaschinen von nie erahnter Kapazität. Die ganze Stadt wird vermessen und erfasst. Jeder Mensch und jeder einzelne Stein, alles und jeder. Ehrgeizige Assistenten lehnen sich waghalsig vom unsichtbaren Gerüst herab, steigen in dunkle Stollen hinunter, um auch in die hinterste Ecke der Stadt zu gelangen. Hier wird ein Sandkorn gewogen, dort an eine Nase das Messband gelegt. Länge? Breite? Zustand? Alter? Farbe? Gewicht? Danach werden die gesammelten Daten in die Anlage eingegeben. Die Geldanlage verarbeitet die erfassten Daten zu Geld. Sie kann auch die Daten eines Sandkornes, von Wasser, Schnee und Luft zu Geld verarbeiten. Die Daten von Pflanzen und Tieren, von Menschen jeder Größe und jeder Rasse, von Armen und Dummen, von Männern, Frauen, Kindern, können eingespiesen werden. Rauskommen tut immer nur Geld. Die Geldanlage hat bis jetzt noch aus allem Geld gemacht.

## ER UND SIE

Als Vegetarierin grüßt sie keine Allesfresser. Polizisten treiben sie in den Wahnsinn. Sie findet alle Uniformen zum Kotzen. Sie weigert sich, Autobesitzer als vollwertige Mitglieder der Gesellschaft zu akzeptieren.

Er kann Leute, die Grün zu Blau tragen, nicht ausstehen. Wenn er eine Krawatte sieht, überkommt ihn das nackte Entsetzen. Nie würde er einem Raucher Guten Tag sagen. Er verachtet Typen, die nicht davor zurückschrecken, rote Pullover zu tragen.

Wenn sie etwas nicht mitmacht, dann diesen Wahnsinn mit der getrennten Müllentsorgung. Wenn sie mit einer Sekte in Kontakt kommt, kriegt sie so eine Wut. Sie kann nicht verstehen, wie junge Menschen dazu kommen, solche Kleider zu tragen.

Er findet lange Haare bescheuert. Er findet kurze Haare bescheuert. Gegen Rassismus lehnt er sich jederzeit und überall auf. Er ist selbstverständlich gegen die Todesstrafe. Er lässt sich einfach nicht mehr alles sagen. Er hat langsam genug. Er macht nicht mehr lange mit.

Sie grüßt den Briefträger auch schon lange nicht mehr.

## SCHLÖSSER

Wir haben mehrere Schlösser. Uns genügt ein Schloss allein nicht mehr. Unsere Schlösser haben wir mit allergrößter Gewissenhaftigkeit ausgewählt. Von Schlössern verstehen wir eine ganze Menge. Mein Mann hat uns im Fachhandel ein zwei Kilo schweres Vorhängeschloss besorgt. Wir haben ein Sicherheitsschloss und zwei Zusatzschlösser. Wir haben ein Sicherheitschloss und ein Zusatzschloss und oben und unten eine Kette. Wir haben auch am Gartentor ein Sicherheitsschloss. Wir ketten unsere beiden Schäferhunde auch tagsüber nicht mehr an. Hinter der Haustür haben wir eine zweite Tür, die wir von innen verriegeln. Seit wir letzten Herbst in New York waren, braucht uns niemand mehr zu erklären, wie man ein Haus abschließt. Wir haben in Amerika viel dazugelernt. Wir haben unsere Tür mit Stahl armieren lassen. Spezialisten haben uns die Fensterläden verstärkt. Wir haben eine elektrische Alarmanlage und können diese allen wärmstens empfehlen. Wir können uns auf unseren Sicherheitsdienst verlassen. Wir machen unsere Tür schon lange nicht mehr auf.

## PARKPLATZ

Auch der Parkplatz ist ein Platz auf der Welt, der allen gehört, den aber nur ein Mensch haben kann. Um den Parkplatz muss gestritten werden. Der Parkplatz muss bezahlt werden. Unwesentliches hat auf dem Parkplatz nichts verloren, deshalb haben Stühle und Tische oder gar Betten auf dem Parkplatz nichts zu suchen. Wer meint, zu billigem Stundentarif auf dem Parkplatz sein Zelt aufschlagen oder gar mitten in der Stadt eine Grillparty veranstalten zu können, irrt: Auf den Parkplatz gehört nur Wesentliches. Auf dem Parkplatz wird geparkplatzt und nichts anderes. Sonst kommt die Polizei.

## DIE REISEAGENTUR EMPFIEHLT

Treten Sie überall und jederzeit an das Schienbein, das Ihnen in die Quere kommt! Grüßen Sie niemals zuerst! Missachten Sie Hinweise jeder Art, Sie sind nicht zu Gast im fremden Land, um Vorschriften zu entziffern oder Verkehrssignale zu interpretieren! Behaupten Sie sich, wir bitten Sie, kanzeln Sie jeden und jede ab, lassen Sie sich von Verkäuferinnen nichts gefallen, uniformierte Beamte sind anzuschreien! Lassen Sie keinen Menschen im Unklaren über das Ausmaß seiner Dummheit! Beanspruchen Sie jederzeit den Raum, der Ihnen zusteht, verschwenden Sie Ihre Sehkraft nicht an Nebensächlichkeiten! Erwidern Sie keine Blicke! Verlieren Sie nirgends und niemals und unter keinen Umständen Ihr Gesicht! Drängeln Sie sich vor, beim Bäcker haben Sie zuerst bedient zu werden! Diskutiert wird nicht! Verlangen Sie unverzüglich nach Vorgesetzten! An Unbekannte ist keine Zeit zu verschwenden. Schützen Sie sich vor angebotenen Dienstleistungen! Halten Sie niemandem die Tür, helfen Sie niemandem in den Mantel! Über Geld spricht man nicht! Verschaffen Sie sich Respekt! Verzichten Sie auf nichts!

## REISEWELT

Algerien ist schwierig. Belgien hat wenig zu bieten. China muss schrecklich sein. Dänemark ist auch nur ein kleines Land. England bietet nichts als Regen. Frankreich haben wir nun schon oft genug bereist. Guatemala ist sehr touristisch geworden. Holland hat auch kaum etwas zu bieten. Italien habe ich bis hier. Wenn Japan nicht so teuer wäre. Kanada ist viel zu langweilig. Litauen hat nun wirklich nichts. Marokko sollte endlich lernen, mit seiner Armut umzugehen. Nicaragua hat unsere Begeisterung nie verdient. Österreich ist kulinarisch eine Zumutung. Portugal geht nur im Frühjahr. Russland kommt vorläufig nicht in Frage. Spanien biedert sich einfach bei den Massen an. Thailand war vielleicht mal ganz in Ordnung. Ungarn ist nicht einmal wettermäßig ein sicherer Wert. Venezuela meint leider auch, groß ins Geschäft einsteigen zu müssen. Zypern wäre vielleicht wieder mal was an Ostern.

# INTERLAKEN-OST

Wenn der eine Minute vorher angesagte Zug der einzigen Schmalspurlinie der Schweizerischen Bundesbahnen pünktlich um 14.49 auf Geleise fünf in Interlaken-Ost einfährt, öffnet auf dem Parkplatz ein Reisebus zischend die Türen, kommt auf der Brücke über dem nahen Kanal eine Rangierlok stockend zum Stehen, meldet sich das Schiff am Landungssteg mit dem Nebelhorn, schiebt sich vom See her ein aufwändig renovierter Raddampfer in den Hafen, verlässt auf der andern Seite des Autobahnzubringers eine rote Zahnradbahn die Talstation, verklingt das Gelächter einer Schar Kinder, die in bunten Pelerinen auf ihrer Schulreise eben über den Uferweg ins Gehölz einbiegen, kreuzen sich unterhalb des Grates, der den Horizont markiert, die Kabinen einer Schwebebahn, segelt ein Jagdflugzeug veralteter Bauart von den sich jetzt lichtenden Wolken herab, setzt eine andere Militärmaschine pfeifend zur Landung an, blitzt in einer der silbernen Tragflächen die vom spiegelglatten See reflektierte Sonne auf, verschwindet am Ende des Straßenviaduktes, welches kühn das Tal durchmisst, ein gelber Lieferwagen der Post in der dunkeln Öffnung eines Tunnels, in welchem, wie einem Hinweisschild zu entnehmen ist, Radiosendungen nur mehr auf einer einzigen Frequenz empfangen werden können.

## DAS FREMDENZIMMER

Im Fremdenzimmer steht das Fremdenbett und wartet auf den Fremdenverkehr. Im Fremdenzimmer hat die Fremdenpolizei nichts zu suchen. Das Fremdenzimmer hat nur eine Tür: die Fremdentür. Liegt das Fremdenzimmer im Erdgeschoss, ist sein Fenster vergittert. Das Fremdenzimmer weiß, wie es auszusehen hat.

Wenn das Fremdenbett im Fremdenzimmer vergeblich auf den Fremdenverkehr wartet, ballen die Fremdenführer die Fäuste im Sack, steigen auf die Berge, schwingen ihre Fahnen und rufen: Fremdenzimmer zu vermieten!

Findet danach weiterhin kein Fremdenverkehr statt, organisieren die Fremdenführer eine Demonstration. Auf den Spruchbändern steht: Wir wollen mehr Fremdenverkehr!

Sie beharren auf ihrer Forderung, bis auch der Fremdenminister auf eine Bank steigt und ruft: Fremdenzimmer mit Fremdenführerin zu vermieten!

Wartet dann im Fremdenzimmer das Fremdenbett noch immer vergeblich auf den Fremdenverkehr, gibt es Krieg: Gepanzerte Raupenfahrzeuge fahren auf, die Kanonen werden in Stellung gebracht. Dann wird auf Kommando des Fremdenministers aus tausend Rohren schwarzer Schnee geschossen.

Bis das Fremden kommt!

## DER NIESEN

Der Niesen ist 2362 Meter hoch.

Tagsüber fährt eine Bahn hinauf und am Rand des Thunersees stehen Landschaftsmaler mit langen Pinseln in den Kleefeldern und versuchen ihre Kunst an seiner Einfachheit.

(Coelinblau von Schminke für den Himmel gibt es bei Farbwaren Schneider für 6 Franken 90 eine kleine Tube.)

Abends brennt auf dem Niesen ein Licht. Das Niesenlicht.

Eine Fahrt zum Gipfel kostet 23 Franken pro Person. Kinder die Hälfte.

## DIE MITTELKLASSE

Mittellose haben in der Mittelklasse nichts zu suchen. Die Mittelklasse weiß genau, wofür sie steht. Die Mittelklasse ist streng mit anderen, die Mittelklasse ist sehr streng mit sich selbst. Die Mittelklasse trägt schwer an ihrer Verantwortung. Die Mittelklasse fliegt hinaus in alle Welt, wenn sie aber zurückkommt, weiß sie, was es geschlagen hat! Sie wahrt den Überblick und ruft vom hohen Berg der Mittel herab: Halt! Halt! so kann es nicht weitergehen! Die Mittelklasse besitzt nicht nur die Gegenwart, als Klasse der Mittel kennt sie auch für jedes Übel eine Lösung, einen Verband, eine Kur. Unermüdlich ermittelt sie neue Mittel in immer neuen Fundgruben in andern Klassen im Inland und im Ausland. Die Mittelklasse hat sich zwar im Mittelland ausgebreitet, doch ist ihr vor allem der Rest der Welt Mittel zum Zweck. Es gehört zu den Eigenheiten der Mittelklasse, dass sie ihre Mittel nicht nur liebt, sondern auch vorzeigt. Gerade nicht zum Vorzeigen verwendete Mittel versorgt die Mittelklasse am liebsten in einer Kasse.

## DAS EINFAMILIENHAUS

Das Einfamilienhaus ist der bevorzugte Zielpunkt der Gratiszeitungen. Gelassen steht es unter seinesgleichen hinter einem Namensschild und wartet auf die Sonderangebote: Essig und Öl heute je dreißig Rappen billiger! Wer das Einfamilienhaus betreten möchte, drückt auf einen Knopf. Im Einfamilienhaus surrt ein Kühlschrank. Irgendwo, an einer weißen Wand, über einem Stuhl oder über einem Tisch, hängt ein Bild, ein Stich, ein Druck von einem Schloss. Im Einfamilienhaus hängen auch Einkaufslisten. Neben dem Telefon. Im Einfamilienhaus steht der Schirm hinter der Tür, im Einfamilienhaus hängt die Hundeleine neben dem Autoschlüssel. Im Einfamilienhaus sitzt die Familie gerne in Hauskleidung aus Baumwolle vor dem Fernseher. Dort werden in Familienserien schöne Einfamilienhausgeschichten ausgebreitet. Es ist herrlich still im Einfamilienhaus, gemütlich sitzt sich die Familie am Tisch gegenüber. Das Kleinkind schlürft. Die Gratiszeitung raschelt. Der Familienvater hustet und ruft: Heute gibt es auch eine Gartenschere zum herabgesetzten Preis! Natürlich besitzt das Einfamilienhaus einen Garten.

## EBEN

Warum lässt du die Jalousien runter?
Soll ich nicht?
Ich frage bloß.
Ich kann sie auch wieder hinaufziehen.
Jetzt hast du sie schon halb unten.
Die sind schnell wieder oben.
Ach, mach sie runter und Schluss.
Sonne kommt da keine mehr rein.
Eben.

## HELEN SCHWARZ

Helen Schwarz war ihr Name, und Helen Schwarz trug ausschließlich Schwarz, das war Mode, das war chic, das war normal. Aber Helen Schwarz färbte sich die blonden Haare schwarz, aß aus schwarzen Tellern, liebte schwarzen Tee und schlief in Laken aus schwarzer Seide. Helen Schwarz kaute im Kino schwarze Lakritze, saß beim Fernsehen mit schwarzen Latschen an den Füßen und der schwarzen Katze Max im Schoß in einem schwarzen Sessel und rauchte Zigaretten aus einer schwarzen Packung. Helen Schwarz besaß einen schwarzen Peugeot, ein schwarzes Fahrrad aus der Migros und einen schwarzen Haartrockner von Braun. Helen Schwarz war für Schwarz, wo immer es ging. Zur Belustigung ihrer Bekannten strich sie ihre Badewanne schwarz und suchte nach einem schwarzen Kühlschrank. Sie kaufte sich einen Hund, dessen Charakter zwar nicht über alle Zweifel erhaben war, der sogar die Katze Max hasste, aber Helen Schwarz war für Schwarz und der Hund war schwarz und darum liebte sie ihn, allem leisen Gespött zum Trotz. Aus dem Urlaub verschickte Helen Schwarz mit schwarzer Tinte beschriebene Postkarten: aus dem Schwarzwald, vom Schwarzen Meer, aus Schwarzafrika. Und in Afrika verliebte sich Helen Schwarz. Sie verliebte sich an der Elfenbeinküste in einen schwarzen Medizinstudenten. Damit sie in ihrem Land zusammenleben konnten, ohne dass er illegal einreisen musste, heiratete Helen Schwarz ihren Geliebten innerhalb kurzer Zeit. Die Familie von Helen Schwarz nahm auf der Stelle Anstoß an der Verbindung. Diesmal habe sie ihr schwarzes Spiel zu weit getrieben. Man sah schwarz, sehr schwarz, aber ungerechterweise: Helen Schwarz war noch nicht einmal aufgefallen, dass die Haut ihres Geliebten schwarz war.

## DIE LANDESAUSSTELLUNG

Das Ziel einer Landesausstellung ist die Produktion von Geist. Bei sachgerechter Lagerung kann die Lebensdauer des Geistes einer Landesausstellung fünfzig Jahre überdauern. Kennt der Mensch den Landesaustellungstrieb? Ja. (Wenn auch periodisch abflauend.) Wer den landesausstellungsfreien Alltag auf die Dauer ereignislos findet, trifft sich mit jenen, die in ihren Terminkalendern noch Landesausstellungszeit eintragen möchten, und wird Landesaussteller oder Landesausstellerin. Zusammen backen sie einen Butterzopf. Während der Teig geknetet wird, winken sie mit Händen und Füßen in das Land hinein und rufen: Hallo! Wir machen eine Landesausstellung! Handelt es sich um ein kleines Land, so sind die Landesausstellerinnen und Landesaussteller bestrebt, das kleine Land größer auszustellen, als es wirklich ist. Unter Mithilfe von Fachleuten, von Wissenschaftern und Wissenschafterinnen kann die Landesausstellung den Bereitschaftsraum für optische Täuschungen ausloten und diesbezüglich zur künstlichen, also nicht dauerhaften Eigenvergrößerung des Landes beitragen. Gleichzeitig macht sich im Falle eines kleinen Landes die Landesausstellung auf die Suche nach mehr Land, denn kleine Länder sind oft größer als ihr eigenes Land. Sie können also auf dem im eigenen Land zur Verfügung stehenden Land gar nicht angemessen ausgestellt werden. Es besteht zwar die Möglichkeit, in landeseigenen Gewässern zusätzliches Ausstellungsland zu schaffen, doch die Praxis der Landesausstellung beweist, dass diese Maßnahmen nur sehr selten genügen. Es empfiehlt sich also, Lösungen im Ausland zu suchen. Die Auslagerung von Landesausstellungen in untergenutzte und entvölkerte Billiglohnländer garantiert Kosteneinsparungen in Millionenhöhe. Diese Millionen können bei Bedarf wiederum gewinnbringend in die Eigenvergrößerung des ausgestellten Landes angelegt werden. Damit verschiedene Landesaustellungen, die gleichzeitig beispielsweise in der Sahara stattfinden, nicht verwechselt werden, lohnt es sich, sie mit Flaggen zu kennzeichnen. Die Auslagerung von Landesausstellungen hat gegenüber der als Kerngeschäft im eigenen Land stattfindenden Landesausstellung noch zwei weitere Vorteile: 1. Eventuell durch sie entstandene Schäden an der Welt können reibungslos globalisiert werden. 2. Die Gefahr, dass das kleine Land bei beschränkten Platzverhältnissen auf seiner Landesausstellung hocken bleibt, wird eingeschränkt.

## 2. TEIL

# Kurze Geschichten

# ABEND

Das Restaurant war klein, die weiß gedeckten Tische waren restlos belegt. Kerzen brannten, Schnittblumen reckten sich in schlanken Vasen. Sie hatte sich ein Glas Sekt bestellt und er trank ein kühles Bier. Der Kellner hatte einen französischen Akzent und war äußerst freundlich und kompetent. Noch bevor der Kellner alle ihre Bestellungen entgegengenommen hatte, dachte sie an eine Freundin, der sie dieses Lokal bei der ersten Gelegenheit zeigen wollte. Die Geräuschkulisse setzte sich aus angeregten Gesprächen in verschiedensten Tonarten, aus dem Geklimper von Geschirr und Besteck und kaum hörbarer, die Stimmung abrundender Musik zusammen. Aufgeräumt aßen sie sich von Köstlichkeit zu Köstlichkeit, ihre Wangen zunehmend gerötet zwinkerten sie sich zu, lächelten, lobten den Koch, den Kellner, das Glück, das sie hergeführt hatte. Das Leben, sagte er einmal, und sie sagte mehrmals, einfach herrlich. Er liebte den Wein der Farbe wegen, sie fand ihn zunehmend sanft und weich wie Seide. Auch für die Nachspeise waren sie des Lobes voll. So leicht, so wohltuend bekömmlich, so bunt, so wunderbar! Als er nach dem letzten Schluck Kaffee bezahlt hatte, ließen sie sich von dem Kellner mit dem französischen Akzent zur Tür begleiten, verabschiedeten sich gut gelaunt, wählten bei der nächsten Straßenecke den unterirdischen Durchgang zur Tiefgarage, steckten die Plastikkarte in den Schlitz am Automaten, fuhren im Lift ins vierte Untergeschoss und in deutlich weniger als zwanzig Minuten mit dem Wagen zur Stadt hinaus in ihre Siedlung, gelangten dort ohne jemandem zu begegnen in ihre Wohnung und sahen für den Rest des Abends fern.

# SEE

Der See liegt den besseren Siedlungsgebieten zu Füßen. Noch immer uneingeschränkten Seeanstoß genießt Doktor Hunziker. Unter seiner Klientel gibt Psychiater Hunziker andern Seeanstößern den Vortritt. Hunziker kassiert als Partnerschafts- und Eheberater 270 Franken für eine Therapiestunde von fünfzig Minuten. Davon bekommt er nur 150 Franken von der Krankenkasse. Den Rest zahlen die Seeanstößer selbst.

Keinen Seeanstoß genießt eine illegal Arbeit suchende Asylbewerberin aus Südamerika. Sie findet Arbeit bei einem Putzinstitut, das nachts Büros und Praxen reinigt. Die illegal arbeitende Asylbeweberin aus Südamerika putzt die Praxis von Doktor Hunziker. Sie verdient acht Franken in der Stunde.

An Sonntagen geht sie gerne zum Luftschnappen für eine Stunde am See spazieren.

## DER RÜCKEN

Es war die fünfte Jacke, die er in der Herrenabteilung eines Modehauses anprobierte. Es war eine mit Lammfell gefütterte Wildlederjacke. Vor dem Spiegel an der Wand schaute er an sich hinunter, reckte sich, streckte die Arme aus, schaute auf seine Schuhe, auch auf die Stiefel seiner Frau. Mit leicht zusammengekniffenen, prüfenden Augen stand sie neben ihm. Er war froh, dass sie da war.

»Schön, bloß etwas jugendlich, oder nicht? Was meinst du?«, fragte er in den Spiegel.

»Mir gefällt sie auch, aber wir sollten einmal hinaus auf die Straße ans Tageslicht. Der Farbe wegen«, antwortete sie in den Spiegel.

Draußen drehte er sich um die eigene Achse, schlug den Kragen hoch, steckte seine Hände in die Taschen, suchte noch einmal nach dem an einem Knopfloch befestigten Preisschild. »Meinst du, ich könnte damit auch zum Beispiel zu Stuckis?«

»Zu Stuckis?«, fragte sie zurück. »Zu Stuckis auf jeden Fall.«

»Und zu Grossenbachers?«

»Auch zu Grossenbachers. Zu Grossenbachers ganz sicher.«

»Auch zu Pfeutis?«

Sie bejahte auch diese Frage, ihre Stimme klang jedoch unbeteiligt, ihr Blick war nach innen gerichtet. Soeben war ihr bewusst geworden, dass sie ihren Mann seit dem Kamelritt während des letztjährigen Weihnachtsurlaubes in Algerien nie mehr so genau angeschaut hatte wie heute. Es war ihr noch gar nicht aufgefallen, dass er mehrere Kilo abgenommen haben musste.

Während sich der Verkäufer später an der Kasse nach dem Zahlungsmodus erkundigte und ihr Mann gut gelaunt sagte, er bezahle bar, wie früher, sah sie sich nach einem zu der Jacke passenden Pullover um. Sie nahm einen von einem Stapel, hielt ihn mit ausgestreckten Armen vor sich hin, verglich in Gedanken die Größe mit dem ihr zugedrehten Rücken ihres Mannes und erinnerte sich in eigenartig klaren Details daran, wie dieser damals auf dem Kamel weder zum Sand der Wüste noch zu dem Blau des Himmels noch zu sonst irgendetwas passen wollte und sie überzeugt gewesen war, auf diesem für Touristen organisierten Ritt innerhalb weniger Sekunden mehrere Jahre gealtert zu haben, ohne dass es außer ihr jemand bemerkt hätte.

## FENSTER

Das Fenster besteht aus einem Rahmen aus Holz, aus sechs quadratischen Glasscheiben und einem Riegel. Im Frühling wird das Fenster mit Zeitungspapier und Essigwasser geputzt. Im Sommer steht das Fenster auch nachts offen. Nicht immer sind sich alle einig, wann das Fenster wieder geschlossen werden muss.

Durch das Fenster wird hinausgespuckt, durch das Fenster kommt die Sonne herein und die Abgase, die Mücken, die Fliegen, der Lärm, der Staub, die Pollen und die bösen Wespen.

# BLICKE

Wenn sich die drei jungen Frauen in der Pause auf dem Schulhof trafen, redeten sie gerne über neue Parfums, verglichen Frisuren oder ärgerten sich gemeinsam über mangelnde Verständnisbereitschaft ihrer Mütter und Väter in mehreren Bereichen.

Begaben sich die drei jungen Frauen aber an einem schulfreien Nachmittag in eines der nahen Einkaufszentren, betraten sie dieses mit der unantastbaren Selbstsicherheit von erfahrenen Schauspielerinnen, denn sie hatten auch nicht den geringsten Anlass zur Befürchtung, nicht in jedem noch so kleinen Detail dem gegenwärtig in ihren Lieblingsfernsehsendungen nordamerikanischer Herkunft dargestellten Idealtyp junger Menschen genaustens zu entsprechen.

Trotzdem kam es vor, dass sich ihre Blicke, mit denen sie den andern Menschen begegneten, plötzlich verhärteten, als gälte es eine aufflackernde Unsicherheit zu vertuschen. Steif und gerade wichen die Augen der drei jungen Frauen dann ihrer näheren Umgebung aus und ihre Blicke kreisten wie der ein unsichtbares Objekt anpeilende Schirm eines Radars in rätselhafter Ferne.

# ZÜNDUNG

Als sie das stadtbekannte spanische Restaurant verließen, ging den drei Frauen Gelächter voraus. Die Gasse war schon dunkel, der Verkehr spärlich. Ich habe so viel gefressen, sagte die eine und hielt sich eine Hand auf den Bauch. Sie trug ihr schwarzes Jackett geöffnet. Sie lachte genau so, wie sie sich vorgenommen hatte zu lachen.

Als es der Frau im schwarzen Jackett nämlich auch heute beim Morgenessen wieder nicht gelungen war, ihren Mann noch vor seinen Tagesgeschäften für eines ihrer Anliegen zu interessieren, hatte sie sich noch eine Tasse Kaffee eingegossen und gedacht: Aber heute Abend gehe ich mit Franziska und Louise essen und ich werde lachen.

Noch bevor sie in dem aus Sicherheitsgründen für Autofahrerinnen reservierten Teil der Tiefgarage ihren Wagen aufgeschlossen hatte, dachte sie mit einem Blick auf ihre Armbanduhr an den nächsten Morgen und fragte sich dann, ob ihre Freundinnen in ihrer unbeschwerten Reaktion ehrlich gewesen waren oder ob sie in Wirklichkeit ihre Bemerkung über den hübschen Hintern des jungen Kellners als ordinär empfunden hatten oder gar als Ausdruck einer tiefer liegenden Unzufriedenheit interpretieren würden.

Sie legte ihren Mantel über den Kindersitz, danach noch einmal die Hand auf ihren Bauch. Ganz leise sagte sie: »Aber Morgen gibt es keine Butter aufs Brot.« Dann schaltete sie die Zündung ein und fuhr los.

## DER SPIELPLATZ

Mehrere Elternpaare taten sich zusammen, um einen Robinsonspielplatz zu bauen.

Ihre Kinder sollten haben, wovon sie selbst nur geträumt hatten. Sie legten einen Teich an, schleppten Bretter und Balken herbei, zimmerten eine Brücke, auch ein Floß und eine Hütte. Sie sammelten alte Velos, Karren, Kisten, Leitern, rostige Maschinenteile. Sie mischten Farbe, strichen alles Graue gelb und rot. Eine Feuerstelle wurde errichtet, ein Lastwagen brachte Sand, jemand stiftete ein Indianerzelt.

Noch waren die Eltern dabei, Holzstücke, Seile, Sägen, Hämmer, Zangen, Schaufeln wie zufällig liegen gelassen über den ganzen Platz zu verteilen, als einige der Kinder, die eben noch ferngesehen hatten, herbeikamen und laut aus sich herauslachten.

# TELLERSERVICE

Als er die zwei Flaschen Rotwein – Marquez de Cázares 1987 – in die Küche gestellt hatte, wollte man noch vor dem Willkommenstrunk einen kleinen Rundgang durch die neu bezogene Wohnung machen. Unter seinen Beteuerungen, es wäre nicht notwendig gewesen, Wein mitzubringen, wirklich nicht, lobte man bei der Besichtigung der modisch mit Stahlmöbeln und Stahlregalen eingerichteten Zimmer seine Ordnung, seinen Stil und seinen Geschmack.

Eigentlich hatte der Abend sehr gut begonnen.

Später beim Essen fragte sie ihn aber dann plötzlich in scharfem Ton:

»Warum bestehst du schon wieder auf Tellerservice? Warum stellst du die Schüssel mit dem Reis nicht einfach auf den Tisch?«

Er hatte sie zusammen mit andern Gästen zum Abendessen eingeladen und eben hatte sie noch sehr beeindruckt mit strahlenden Augen und glühenden Wangen über sein Arrangement von Rotwein, Weißwein und Mineralwasser – Marke San Pellegrino – am unbesetzten Tischende gesprochen.

»Ach nein«, antwortete er mit der Schüssel in der Hand auf dem Weg zurück in die Küche, »sonst sieht der Tisch wieder so chaotisch überladen und unappetitlich aus.«

Die andern Gäste, die eben gerade erst erfahren hatten, dass er und sie schon seit mehreren Wochen wieder getrennte Haushalte führten, sagten sofort wie aus einem Mund:

»Sehr, sehr schön ist das, wunderbar sieht alles aus! Wunderbar!«

## DER KOFFER

Wenn ihn niemand braucht, hält sich der Koffer auf dem Dachboden still. Der Koffer sieht aus, als hätte er schon einiges erlebt, einiges mitgemacht, unterwegs.

Der Koffer ist immer zu klein, schwierig zu schließen und beim Tragen immer zu schwer.

Mindestens einen Koffer besitzen bei uns eigentlich alle.

# HALT

Sie stand am Ufer des Flusses, legte eine Hand auf das eiserne Geländer, lauschte den Geräuschen des Wassers und wartete vergebens auf einen erlösenden Gedanken. Irgendwo in ihrem Kopf müssten sich doch Zeichen finden lassen – Worte, Bilder, Fakten –, die sich zu der gewünschten Gewissheit verdichten ließen, hier an etwas Schönem teilzuhaben.

Sie legte ihre Hand fest um das eiserne Geländer, fühlte die darin gefangene Kälte und atmete tief durch. Sie fand aber keinen zweifelsfreien Haltepunkt für die Vermutung, der Anblick des Flusses und sein Geräusch bereiteten ihr Genuss und Vergnügen. Dennoch war sie überzeugt, richtig gehandelt zu haben, als sie ihren Wagen geparkt hatte, um sich ohne Rücksicht auf das schlechte Wetter an diesem Geländer kurz dem Fluss zuzuwenden. Wenn ich schon nicht weiß, ob es hier schön ist, so weiß ich doch, dass es mir gut tut, dachte sie. Oder gut tun wird, fügte sie noch hinzu und war dankbar für die wieder vorherrschende Klarheit in ihrem Kopf.

Sie schaute abermals in die durcheinander wirbelnden Wasser des Flusses, verfolgte einige Sekunden die sich an einer Uferverbauung zu einem Wirbel formende Strömung, senkte ihren Blick dann auf ihre goldumrandeten Schuhe, atmete tief durch, lockerte erst die linke Schulter, führte unter ihrem leichten Regenmantel dann auch mit der rechten Schulter kreisförmige Bewegungen aus, löste ihren Schal und versuchte der Tatsache, dass sich ihr jemand näherte, keine Beachtung zu schenken.

Als der Spaziergänger, ein älterer Mann mit einem Dackel an einer Leine, an ihr vorbeiging, lüftete er den Hut und sagte »Guten Tag«, und sie war plötzlich wirklich froh, hergekommen zu sein, und sie war fest entschlossen, sich nicht darüber zu ärgern, dass ihre Schuhe auf dem feuchten Uferweg Schaden genommen hatten.

# WARTEN

Kaum hatten sie sich im Café an einen Tisch gesetzt, beklagte er sich laut über die langsame Bedienung. »Ich kann warten nicht ausstehen!«, sagte er und zündete sich eine Zigarette an. »Ich hasse es, warten zu müssen«, wiederholte er und zerknüllte die leere Zigarettenpackung.

»Aber wir haben doch Zeit, jede Menge Zeit«, sagte sie.

»Nein«, sagte er, »wir haben überhaupt keine Zeit und ich kann warten nun einmal nicht ausstehen!«

»Aber die Kellner haben alle Hände voll zu tun, das sieht man doch«, sagte sie.

»Nein«, antwortete er, »sonst würden sie nicht dauernd auf die Uhr gucken, sonst würden sie nicht dauernd so frech vor sich hinlächeln, sonst würden sie nicht mit leeren Händen durchs ganze Lokal spazieren, würden nicht dauernd wieder durch die Drehtür in die Küche verschwinden, um sich vor unseren Blicken zu verstecken, um sich dort vor dem Aufnehmen unserer Bestellung zu drücken, um verbotenerweise zu rauchen, um ihre Gratisbiere zu saufen, um sexistische Witze zu erzählen, um mit den schwitzenden Köchinnen zu schäkern, um sie womöglich noch in den Arsch zu kneifen!«

# IM ZUG

In Zürich leerten sich die Abteile, sie waren allein in dem Wagen 2. Klasse. Als wollte er die plötzlich aufgekommene Stille brechen, sagte der Mann: »Wir haben aber sehr gut gegessen.«

Die Frau bestätigte diese Aussage mit sicherer Stimme: »Wir haben sehr gut gegessen.«

»Gell?«, sagte der Mann, der nach einiger Zeit die Stille abermals brach und fragte: »Was haben wir gegessen?«

Nach einer halben Minute sagte er: »Ich glaube, ich hatte ein Cordon bleu und du hattest Geschnetzeltes.«

»Nein«, erwiderte die Frau, »das stimmt nicht.«

»Doch, doch, das stimmt«, sagte der Mann.

»Nein«, sagte die Frau. »Ich hatte ein Cordon bleu und du hattest Geschnetzeltes.«

»Wie kann ich ein Cordon bleu gehabt haben, wenn ich doch nie, das weißt du doch, nie, nie Käse esse?«

»Das war es ja gerade, jetzt erinnere ich mich«, sagte die Frau, »du hattest nicht daran gedacht, dass im Cordon bleu auch Käse ist!«

»Ach was! Ich hatte Geschnetzeltes, und das war gut.«

»Gut war es«, sagte die Frau, »gut war es. Sogar sehr gut, aber gegessen habe ich es.«

Dabei blieb es, denn der Zug setzte sich wieder in Bewegung. Die Räder dröhnten, der Mann und die Frau verstummten, schauten schweigend zum Fenster hinaus, beide des andern Mahlzeit verdauend.

# UND SO UND SO UND SO

Als er bemerkte, dass das Gespräch zu keinem Ergebnis führte, fragte er: »Warum sagst du eigentlich dauernd und so? Immer, wenn man mit dir spricht, sagst du und so und so und so!«

Sie unterdrückte einen Schrei der Empörung.

»Aber und so sage ich doch nur, weil ich dir dauernd zuhören muss und du gar nichts anderes zu sagen weißt als und so und so und so!«

»Aber nein«, antwortete er, »ich sage das doch nur, weil ich es ununterbrochen von dir höre, weil ich von dir nichts anderes zu hören bekomme als und so und so und so.«

»Das ist eine Gemeinheit! Und du weißt es auch!«, schrie sie zurück. »Weil du immer und so und so und so sagst, weil ich und so und so und so immer von dir höre, rutscht es mir halt manchmal raus. Ich versuche mich aber wenigstens dagegen zu wehren, ich will das gar nicht, das passt gar nicht zu mir, das ist auch überhaupt nicht mein Stil und so.«

»Siehst du! Schon wieder. Und so und so und so!«

»Weil ich es eben wieder fünfzehnmal von dir habe hören müssen. Du bist es nämlich, der dieses Virus verbreitet. Ich finde es fürchterlich, schrecklich, abscheulich, es ist mir peinlich, äußerst peinlich, dass ich solche Leerformeln überhaupt in den Mund nehme, und nur wegen dir! Nur wegen dir! Weil du dich nicht anstrengst. Bei uns wurde nie so geredet, bei uns nicht, bei uns wurde auf den klaren Ausdruck Wert gelegt, wir redeten nicht einfach um des Redens willen in unsinnigen Wendungen, in überflüssigem Wortbalast, in Leerformeln und so!«

# TATENDRANG

Sie grüßte selten, gehörte aber zum Treppenhaus wie das Geländer mit der Holzleiste, wie die Milchkästen im Eingang, die niemand mehr benützte. Eigentlich war ihr Mann der Hauswart, doch das wusste kein Mensch. Es war sie, die immer da war, zu jeder Tages- und Nachtzeit. Es war sie, die kontrollierte, dass sauber gemacht wurde. Sie war es, die den Rasen mähte. Sie war es, die sich um den Wildwuchs der Hecken kümmerte. Sie war es, die immer die Gartenzwerge bei dem kleinen Brunnentrog aus Birkenholz abstaubte.

Wenn es an der Zeit war, die Teppiche zu klopfen, band sie sich eine blaue Schürze um den grauen Hausrock, stülpte sich Gummihandschuhe über und dachte an ihren Sohn, der vor vielen Jahren voller Tatendrang nach Amerika ausgewandert war. Sie dachte daran, dass er sich beim Teppichklopfen immer viel besser angestellt hatte als ihr Ehemann, der nicht einmal beim Putzen der schlecht erreichbaren Fenster im Treppenhaus eine große Hilfe war.

Außer beim Teppichklopfen verlor sie die Haustür nie aus den Augen. Kam dann zufällig ein Hund durch die Straße, drängte dieser sofort auf die andere Straßenseite und ihr Mann benötigte den ganzen Nachmittag, um beim Coop ein halbes Pfund aktionsmäßig verbilligtes Hackfleisch und zwei Joghurts zu besorgen.

# LICHTBILD

Bevor sie den Diaprojektor aus dem Koffer holte und auf dem Wohnzimmertisch aufbaute, nahm die Mutter das Bild mit den Rosen von der Wand und stellte es in eine Ecke. Das Licht machte der Vater aus. Die ersten Bilder wurden kommentarlos angeschaut. Sie zeigten die Kinder hier, die Kinder dort. Als aber ein mit Urlaubern überladenes Thunersee-Dampfschiff groß und mächtig an der Wohnzimmerwand die Ländte von Oberhofen anlief, sagte der Vater: »Ein schönes Bild. Ein sehr schönes Bild.«

»Die Blüemlisalp«, sagte eines der Kinder, sich stolz an den Namen des Schiffes erinnernd.

Und die Mutter sagte: »Die roten Geranien beim Schlosspark machen viel aus.«

»Ja«, sagte der Vater, »etwas Rotes im Bild ist immer gut.«

Das hat der Leiter des Fotokurses auch gesagt, dachte die Mutter und projizierte das nächste Bild an die Wand.

»Siehst du!«, sagte der Vater. »Die Schweizer Fahne!«

## FRAU MEIER UND FRAU MÜLLER

Es war kurz nach drei. Um 16 Uhr 28 fuhr ein Zug zurück in jenes Dorf, wo Frau Meier am Morgen die Liste mit den anstehenden Einkäufen vom Küchentisch genommen hatte, um wie immer am Mittwoch mit Mantel, Hut und der großen Tasche am Arm in die Stadt zu fahren. Die Liste war lang und noch hatte Frau Meier längst nicht alles erledigt, was sie sich vorgenommen hatte. Es kam ihr deshalb äußerst ungelegen, dass sie bei einem Regal in der Schuhabteilung eines Warenhauses mit Frau Müller aus dem Nachbardorf zusammenstieß. Beide, Frau Meier und Frau Müller, hatten mehrere Enkelkinder, beide suchten für diese nach warmen Hausschuhen für den kommenden Winter.

Als sie je zwei Paar Filzpantoffeln erstanden und sich über die Umtauschbedingungen informiert hatten, verließen sie gemeinsam das Warenhaus. Es regnete und Frau Müller sagte, während sie ihren Schirm aufspannte:

»Sie, Frau Meier, gleich da drüben ist die Fundgrube Achermann, da müssen wir jetzt unbedingt einmal zusammen hin! Da habe ich schon manchen guten Fang gemacht!«

Frau Meier, die ihren Regenschirm vergessen hatte, folgte Frau Müller widerwillig über die verkehrsreiche Straße. Sie wäre lieber gleich in den Coop-Supermarkt beim Bahnhof gegangen. Dort gab es Wienerli im Multipack. Achtmal zwei Stück zu sechs Franken fünfzig anstatt zu elf Franken sechzig. So hatte ein ganzseitiges Inserat in der Gratiszeitung verkündet. Davon wollte Frau Meier unbedingt zwei Pakete mit nach Hause bringen.

## AUF DER BANK IM PARK AM SEE

Trug sie denn nicht den neuen Rock? War er nicht wunderbar? Warf er seine Falten nicht um ihre Schenkel, um ihre Hüften, als wäre er nach Maß für sie gefertigt? In Wirklichkeit war es das Frühlingsangebot für 89 Franken aus dem Versandkatalog. Ein Trikotensemble mit goldenen Knöpfen, erhältlich in den Farben Blau und Weiß. Erst nach einigem Zögern hatte sie es schließlich ihren Sparvorsätzen zum Trotz über den 24-Stunden-Service in Blau bestellt, umd zwar nur weil sie das Modell auf dem Bild im Katalog an eine andere Zeit erinnerte. An eine Zeit, in der sie mit offenem Mantel, begleitet von Freunden und Freundinnen, noch beinahe täglich die ganze Stadt durchstreift hatte.

Mit ihrem Kauf zufrieden, setzte sie sich auf eine Bank, zog das rechte Bein an, stützte ihren Ellbogen auf das Knie, hielt, wie dies auch das Modell auf dem Bild im Katalog getan hatte, die einmal gefaltete Zeitschrift über ihre Augen und schaute über den See zu den Segelschiffen hinaus. War sie glücklich? Sie wusste es nicht, aber es kostete sie keinerlei Anstrengung, zu lächeln und zu vergessen, dass sie sich in diesem Augenblick, wenn vielleicht auch in einem andern Rock, geradeso gut woanders hätte aufhalten können.

# ZURÜCK IN ZÜRICH

Als sie in der Altstadt von Bern auch nach langem Suchen keine Parklücke gefunden hatte, zudem sämtliche Tiefgaragen besetzt waren, fuhr sie zurück nach Zürich. Im zähflüssigen Verkehr auf der Autobahn ärgerte sie sich erst über die Präsentation der Musik am Radio, dann auch über die unwillkommenen Blicke aus starren Männergesichtern, denen sie sich ausgesetzt sah. Neidisch dachte sie an die Art und Weise, wie sich ihre Mutter stilvoll zu entrüsten verstand. Warum konnte sich ihre Mutter so wunderschön ärgern? »Das lasse ich mir nicht bieten!«, pflegte die alte Dame zu schreien, errötete dazu und stampfte mit den Füßen auf den Boden.

Zurück in Zürich fuhr sie in ein Einkaufszentrum und holte dann ihre kleine Tochter vom Kindergarten ab. Sie stellte den Wagen in die Garage und begab sich in die Küche, um das Essen vorzubereiten. Bei Tisch erzählte sie von den Männern auf der Autobahn. »Stellt euch vor«, sagte sie, »die sind auch bei der hohen Geschwindigkeit nicht nur dauernd am Telefon, viele halten in der andern Hand auch noch eine Zigarette fest!« Beinahe böse schob sie den kaum berührten Teller von sich und sagte: »Wenn das so weitergeht, macht bald auch Autofahren keinen Spaß mehr.«

## DIE MALERIN

Die Malerin liebt ihre Kunst. Sie liebt spätabendliche Besuche in feinen Restaurants. Die Malerin liebt die ausgesuchte Kleidung ihrer Freunde und Freundinnen. Sie liebt es, wie eine Malerin auszusehen. Angeregte Gesellschaft liebt sie über alles, ganz besonders Gespräche über eben eröffnete Ausstellungen in Galerien und Museen.

Die Wohnung der Malerin ist sehr weiß, leer und kahl. An den Wänden nichts, keine Bilder, nichts.

»Wir müssen nichts zeigen«, sagt die Malerin.

Auf dem Kaffeetisch liegt ein Katalog, alle ihre andern Bücher verwahrt sie im Keller. Die Malerin legt in ihrer Wohnung Wert auf staubfreie, ungebrochene helle Flächen, auf einen staubfreien, glatten Boden. Einen Teppich benützt die Malerin nur in ihrem Atelier.

In ihrem Atelier liebt sie den Geruch nach Farbe und das scheinbare Chaos. Im Durcheinander von unzähligen herumstehenden Töpfen mit Pinseln und herumliegenden Spachteln, im Durcheinander von Werkzeugen, Staffeleien, Mappen, Kisten, Eimern, Tassen, Tuben, Lappen, Materialien jeder Art fühlt sich die Malerin wohl. In ihrem Atelier liebt sie die Bilderflut aus Skizzen, Entwürfen, Fotografien und Reproduktionen an allen Wänden.

Hier malt sie ihre Welt.

»Zuerst immer«, sagt sie, »in den unglaublichsten Farben, mit den schrillsten Details!« Sie male Bilder von ihren Leiden, von ihren Freuden, sie male wie besessen Tag und Nacht.

Aber bevor sie ihre Bilder nicht mit einer dicken Schicht Schwarz lückenlos zugedeckt hat, bekommt sie niemand zu sehen.

## BALTHUS

»Ich würde wie Balthus malen oder wie die jungen Wilden, jedenfalls gegenständlich würde ich malen«, sagte ich, »ganz sicher würde ich, wäre ich Maler, gegen die Welt anmalen, ich würde anklagen und aufklären!«

Worauf der Maler, der sich bemühte, nicht allzu verachtend zu lächeln, der geduldig zugehört hatte, erwiderte: »D'accord! D'accord! Dann würden Sie also wie Balthus auch überall noch Ihre Ehefrau in diese Bilderwelt hineinmalen, einmal liegend, einmal nackt, einmal hier, einmal dort, einmal so und einmal so, jedoch immer harmlos und schön?«

»Ich würde natürlich versuchen, das Kitschige zu vermeiden«, verteidigte ich mich, »aber dieser Realität muss geantwortet werden, mit allen ihr zur Verfügung stehenden Mitteln hat die Kunst der aus den Fugen geratenen Welt entgegenzuwirken, und sei es durch Entlarvung des Hässlichen oder durch das immer wieder neue Entdecken des Schönen!«

»D'accord! D'accord!«, sagte darauf der Maler, der mehrmals leer schluckte, mich reden ließ, dann eher widerwillig fragte, Bezug auf einen Künstler nehmend, dessen Namen mir kein Begriff war, ob denn eine Reaktion auf diese Welt nicht auch darin bestehen könne, dass sich jemand wie der erwähnte Künstler sage: Nein, jetzt setze ich nicht noch eins drauf, nein, jetzt dränge ich mich mit meiner Sicht nicht auch noch in den Vordergrund! Jetzt mische ich mich nicht auch noch ein! Jetzt reagiere ich nicht mehr tölpelhaft direkt! Jetzt agiere ich! Nehme mir die Freiheit, in einem unbesetzten Raum Ruhe zu gestalten, indem ich eine geschichtslose Fläche so bemale, wie es mir bekommt. »Ist es in dem Chaos der Signale und Impulse, in der übersättigten, beschleunigten Alltagswelt nicht eine Wohltat, sich vor einem reinweißen Bild wiederzufinden oder gar vor einer leeren Leinwand wie dieser hier?«

»D'accord! D'accord!«, sagte ich.

## DIE GALERISTIN

Die Galeristin trug einen schwarzen Pullover und eine schwarze Hose. Sie arbeitete hinter einer weißen Stellwand, die ihren Schreibplatz vom Ausstellungsraum trennte. Die Galeristin war am Telefon. Als sie den Hörer auflegte, bemerkte sie die beiden Männer vor der Galerie auf der Straße. Sie lachten und schienen ihr durch das Schaufenster hindurch etwas mitteilen zu wollen. Die Galeristin stand auf und ging in ihrem schwarzen Pullover und in ihrer schwarzen Hose zur Eingangstür. Als sie diese öffnete, hörte sie, dass die beiden lachenden Männer Spanisch sprachen. Sie grüßte auf Englisch, fügte hinzu, dass die Galerie geöffnet sei. Die beiden Männer lachten weiter, zeigten auf die ausgestellten Hüte verschiedenen Alters aus Filz und aus Stroh. Auf Spanisch sagte der eine: »Sie und Ihre Künstler!« Und der andere: »Sie nehmen uns doch alle auf den Arm!« Die Galeristin, die nur das vergnügte Lachen verstand, bedankte sich höflich, grüßte, zog die Tür hinter sich zu und ging in ihrem schwarzen Pullover und in ihrer schwarzen Hose zurück zu ihrem Arbeitsplatz hinter der weißen Stellwand. Der Boden knarrte unter ihren Schritten. Ihre schlanken, weißen Füße steckten in flachen schwarzen Schuhen.

## FRÜH ÜBT SICH

Der geladene Gast in der spätabendlichen Unterhaltungssendung am Fernsehen ist berühmt. Er wird nicht nur als Bestsellerautor gefeiert, er ist auch der gefürchtete politische Analyst, Kommentarist und Kolumnist verschiedener international bekannter Tageszeitungen. Und vor wenigen Tagen wurde sein neustes Theaterstück in der Hauptstadt mit derart überwältigendem Erfolg bei Kritik und Publikum uraufgeführt, dass unverzüglich die Vorbereitungen zu einer Tournee durch sämtliche Provinzen des Landes eingeleitet werden mussten.

Der erfolgsverwöhnte Autor zeigt sich auch am Fernsehen gewandt, klug und schlagfertig. Es kostet ihn keine Anstrengung, Antworten schneller und eleganter zu liefern, als irgendjemand danach fragen könnte.

Und seit wann schreibt er?

Natürlich hat er schon immer geschrieben. Er war keine vier Jahre alt, als ihn sein Kindermädchen einmal lange vergebens überall im großbürgerlichen Elternhaus gesucht hatte. Das Kindermädchen hatte nicht daran gedacht, auch im Studierzimmer des Hausherrn nachzusehen. Dort saß der Vierjährige an Vaters Schreibtisch und schrieb.

»Und worum handelte es sich dabei? Etwa um Gedichte?«, fragt die Präsentatorin der spätabendlichen Unterhaltungssendung lachend.

»Nein, mit Lyrik habe ich meine Zeit noch nie verschwendet«, antwortet der berühmte Gast. »Ich schrieb an meinem ersten Roman.«

# THEATER

Als es der berühmte Regisseur beim Inszenieren eines zeitgenössischen Stückes auch nach mehreren Proben nicht schaffte, die Statisterie dazu zu bringen, sich wie durchschnittliche Passanten und Passantinnen in einer durchschnittlichen Stadt zu verhalten, schrie er verzweifelt: »Ich glaube euch einfach nicht, dass ihr das Gesicht der Schwermut noch nie gesehen haben wollt!«

## DER VERLEGER UND SEINE AUTORIN

Beim Radio in einer landesweit beliebten Literatursendung zu Gast, erklärte die Autorin, sie selbst hätte nie an eine Veröffentlichung gedacht, aber ihr Verleger habe ihr die nun publizierten Jugendgedichte aus den Händen gerissen. Sie sagte es einmal, sie sagte es zweimal. Der Polizei blieb kein Wahl. Unter Androhung einer Gefängnisstrafe bei Nichterscheinen wurde der Verleger unverzüglich vorgeladen. Er zitterte am ganzen Körper, schwitzte und war unfähig, sich klar zum Tatbestand zu äußern, legte aber schließlich schriftlich folgende Erklärung ab: »Die Anklage entspricht nicht der Wahrheit. Nie würde ich meiner langjährigen und geschätzten Autorin gegenüber handgreiflich werden. Ich habe sie lediglich mit einer Pistole bedroht, woraufhin sie die Manuskriptmappe sofort fallen gelassen hat, ich brauchte diese nur noch vom Boden aufzuheben.«

## GESPRÄCH AN EINER THEKE

»Das darfst du ruhig glauben, das schwöre ich dir. Oder glaubst du es etwa nicht?«

»Oh doch, wie käme ich dazu? Natürlich glaube ich dir, dass du das gehört hast.«

»Es ist auch wahr! Ich habe es wirklich gehört. So etwas erfinde ich doch nicht einfach so. Du musst mir glauben.«

»Ich glaube dir ja, aber warum ist es so wichtig, ob ich es glaube oder nicht?«

»Glaubst du mir etwa nicht, was ich sage?«

»Natürlich glaube ich dir, ich glaube dir alles, was hätte ich auch für einen Grund, dir hier eine unlautere Absicht zu unterstellen. Ist doch eine gute Geschichte.«

»Nein, du sollst eben nicht denken, das sei eine gute Geschichte, ich habe nichts, gar nichts erfunden! Das ist so wahr, wie ich hier an dieser Theke stehe! So wahr ich Antonio heiße!«

»Beruhige dich, bitte! Wirklich! Denkst du, ich gehöre zu jenen Ungläubigen, die in ihrem ereignislosen Leben den andern aus Neid ihre Geschichten nicht gönnen?«

»Aber verdammt noch mal! Das ist keine Geschichte. Das ist die Wahrheit, nichts als die Wahrheit!«

# BEGEGNUNG

»Ja«, sagt er, »es ist ein junger Hund.«
»Ist es Ihr Hund?«
»Ja, es ist mein Hund.«
»Ein schöner Hund.«
Dann wurde es wieder still im Treppenhaus.

## DIE PANNE

Ein spanischer Baumeister wohnte mit seiner Familie weit im Hinterland einer kleinen Küstenstadt. Die Gegend war so einsam und unbewohnt, dass er sich auf seinem Weg zur Arbeit selten mit einem andern Wagen kreuzte. Fast täglich begegnete er aber einem Radfahrer.

Der Radfahrer war immer der gleiche. Es war ein mürrischer alter Mann. Ein Landarbeiter oder ein Gemüsebauer, der zu einem entlegenen Acker fuhr. Er saß immer tief über die Lenkstange gebeugt auf seinem Rad, um sich vor der sengenden Sonne, vor dem Wind oder dem Regen zu schützen.

Längst war es dem Baumeister zur Gewohnheit geworden, den Alten mit einem Kopfnicken oder einer kurz vom Lenkrad abgehobenen Hand zu grüßen, als er eines Tages mit seinem Wagen auf dem Weg zur Stadt eine Panne erlitt. Es stellte sich heraus, dass er es versäumt hatte, rechtzeitig zu tanken. Er machte sich auf zur nächsten Garage und wie jeden Morgen begegnete er dem alten Mann auf dem Rad.

»Guten Tag«, grüßte der Baumeister leicht verlegen. »Mir ist das Benzin ausgegangen.« Und noch bevor er fragen konnte, ob er vielleicht kurz das Rad borgen dürfte, sagte der Alte:

»Wie gut, dass ich Sie endlich einmal sprechen kann. Haben Sie in all diesen Jahren eigentlich nicht gemerkt, dass ich keine Lust habe, mit Ihnen überflüssige Morgengrüße zu tauschen?«

Schon saß der alte Mann wieder auf seinem Rad und fuhr ohne ein weiteres Wort davon.

## LOHNRUNDE

Als sie sich beim Betreten meines Büros gleich ganz nahe neben mich hinter meinen Schreibtisch stellte, sah es aus, als wollte sie mir ihre linke Hand auf meine rechte Schulter legen und mir eine Wange zum Kuss darbieten.

Ich irrte mich.

Wie es für meine engste Mitarbeiterin üblich ist, war sie ohne anzuklopfen eingetreten, sie war mir jedoch nur deshalb so nahe gekommen, weil sie sich offensichtlich auf einen starken Auftritt vorbereitet, gesammelt und wohl auch, entgegen ihrer Art, etwas aufgebläht hatte. Der ungewöhnliche Schwung ihres Auftritts brachte sie mir deshalb näher, als sie beabsichtigt hatte, denn es ist gerade dann üblich, eine gewisse körperliche Distanz zu wahren, wenn man sein Gegenüber mit Forderungen konfrontiert, die derart unangemessen oder ausfallend sind, dass mit unwirscher Abwehr, wenn nicht gar mit einem heftigen Gefühlsausbruch gerechnet werden muss.

Sie verlangte eine massive Aufbesserung ihres Salärs.

Sie sagte aber keineswegs einfach: »Ich will mehr Lohn!« Oder einfach: »Ich will mehr Geld!« Nein, sie sagte: »Ich bin leider gezwungen, eine Aufbesserung meines Salärs zu verlangen. Mit dem Geld, das ich jetzt verdiene, kann ich nicht leben.«

Ha!, blitzte es da in mir auf. Ha! Was heißt schon »leben können«! Wie eine Kugel durch einen Flipperkasten schoss mir dies durch den Kopf. Und warum »verlangen«? Wie wäre es mit dem üblichen »beantragen«? Sie sah auch überhaupt nicht so aus, als hätte sie sich beim Ausdenken einer Strategie für diesen Ton entschieden, sozusagen als Formel, halb aus Zufall, halb aus Mangel an besseren Ideen und besseren Argumenten. Nein, ich kenne sie diesbezüglich gut genug: Sie meinte dies ernst und ehrlich.

Meine engste Mitarbeiterin, meine mir mit ihrem Wissen über soziale Zusammenhänge weit überlegene Vertraute, meine Spezialistin für Drittweltfragen, meine schärfste Kritikerin in Sachen Umwelt und in Sachen wachstumsspezifische Richtlinien der Firma sagte einfach: Ich brauche eine Aufbesserung meines Salärs, mit dem Geld, das ich jetzt verdiene, kann ich nicht mehr leben.

Um gleich auf die zunehmende Arbeitslosigkeit und auf das Privileg, überhaupt ein Salär zu bekommen, verweisen zu können, war ich viel zu überrascht. Ich war überrumpelt. Eine solche Forderung hätte ich in Anbetracht der auch ihr zugänglichen Daten zu unserem Geschäftsgang und zur Wirtschaftslage allgemein nicht erwartet. Es wird ja nicht nur über Firmen, die dichtmachen oder ihre Belegschaften bis hinauf zu den Kaderleuten halbieren, berichtet, diese Berichte entsprechen auch der Wahrheit. In meinem eigenen geschäftlichen und privaten Umfeld kann ich mitverfolgen, wie allenthalben wankt und fällt, was für stark und in der Substanz unantastbar gegolten hatte. An eine Saläraufbesserung für meine engste Mitarbeiterin habe ich denn auch seit Monaten nicht eine Sekunde lang gedacht. Im Gegenteil: Ich dachte an eine den Prognosen für die nächsten Jahre entsprechende Lohnkürzung. Ich hatte bloß noch nicht Ruhe und Zeit gefunden, einen unwiderlegbaren Argumentationskatalog zusammenzustellen.

Ich war auch viel zu überrumpelt, um mir mit aller Klarheit bewusst zu machen, dass meine engste Mitarbeiterin jetzt schon so viel Geld verdiente, dass sie sehr wohl davon leben können müsste. Im vorliegenden Zusammenhang ist es unerheblich, wie viel ihr Gehalt genau ausmacht. Es ist jedoch eine Summe, die von Experten unter Berücksichtigung von Ausbildung, Werdegang, Erfahrung, Arbeitszeit und Verantwortung durchaus als angemessen bis sehr gut und im landesweiten Vergleich unbedingt als überdurchschnittlich eingestuft werden müsste.

Darum geht es mir jedoch nicht.

Mir geht es um den Horizont.

Es geht mir darum, dass meine auf die Dritte Welt spezialisierte und vehement europafreundliche engste Mitarbeiterin für sich ein Salär beansprucht, das in Zusammenhängen, die über unsere Landesgrenzen hinausgehen, als einzigartig und zweifellos als zur Weltspitze gehörend bezeichnet werden muss.

Und es war mein Stolz, der mir verbot, meiner engsten Mitarbeiterin in Erinnerung zu rufen, dass ich bei der aktuellen Auftragslage die Firma nur halten konnte, weil ich selbst auf ein Gehalt verzichtete und nicht nur vom Gehalt meiner Ehefrau lebte, sondern zur Deckung der Defizite sogar einen Teil ihres Vermögens via Aktienmarkt in die Geschäftskasse einschleuste.

Meine engste Mitarbeiterin aber behauptet: »Mit dem Geld, das ich jetzt verdiene, kann ich nicht leben.«

Wäre meine engste Mitarbeiterin nicht gleichzeitig meine Ehefrau und wäre ich von ihr nicht überrumpelt worden, ich hätte ihr diesmal die Aufbesserung ihres Salärs entschieden und mit gutem Grund verweigert.

Dies steht außer Zweifel.

## MARTHA UND KASPAR

Martha hat sehr genaue Vorstellungen von Logik. Wenn Martha sagt: Das ist doch logisch!, dann lässt der Ton ihrer Stimme keinerlei Zweifel daran zu, dass Martha von der Folgerichtigkeit ihres eigenen Denkens uneingeschränkt und restlos überzeugt ist. Martha weiß, was logisch ist.

Kaspar ist nicht einverstanden. Kaspar spricht auf Martha ein. Kaspar spricht von Zweifel, von Ungewissheit und natürlich von menschlichem Unvermögen. Er warnt Martha davor, zu glauben, dass sie ausgedehnte Bereiche ihrer Existenz durchschaut und für sich endgültig geklärt habe.

Martha lacht und nippt an ihrem Glas.

Nach dem Gespräch schauen sich Kaspar und Martha dann richtig an. Dabei erschrickt Martha wegen der Narbe auf Kaspars Stirn, und Kaspar erschrickt wegen der Ausdruckslosigkeit in Marthas Gesicht. Sie sieht aus, denkt Kaspar, als hätte sie soeben mehrere Stunden lang telefoniert und nicht mit mir einen Abend lang an diesem Tisch gesessen.

Erst dann sehen sie sich gegenseitig in die Augen, lächelnd, schweigend, und verlangen schließlich die Rechnung, für welche sie diskussionslos gemeinsam aufkommen.

## DAS SCHÖNE

Ist sie aus unvorhersehbaren Gründen einmal gezwungen, ihr Appartementhaus anstatt mit dem Wagen durch die Tiefgarage zu Fuß zu verlassen, verriegelt sie ihre Wohnungstür ebenso gewissenhaft wie sonst: mit zwei Schlüsseldrehungen und einem kontrollierenden Hinunterdrücken der Klinke. Durch unangenehm stumme Begegnungen mit andern Hausbewohnern zur Vorsicht gezwungen, meidet sie den Aufzug und benützt die Treppe. Spätestens im dritten Stock überlegt sie sich, ob sie ihr Feuerzeug eingesteckt und den Anrufbeantworter eingeschaltet habe.

Auf der Straße zündet sie sich eine Zigarette an und eilt leicht vornübergebeugt den Mauern der Häuserreihen und den Ladenfronten entlang auf direktestem Weg an ihr Ziel. Dabei streift sie mit ausdruckslosem Blick über am Boden liegenden Unrat, über die Narben des Pflasters, über Dreckritzen, Abflüsse und Senklöcher, über Fixerblut, über Fremdspucke, Pissflecken, Hundekot, über Zigarettenkippen noch und noch, was sie jedoch alles nicht stört, denn sie hat längst aufgehört, das Schöne in ihrer nächsten Umgebung zu suchen.

## KAFFEE UND KUCHEN

Das Juwelierehepaar Mendez stand in langen, schwarzen Mänteln mit hochgeschlagenen Pelzkragen auf dem grauen Pflaster vor dem größten Warenhaus der Stadt. Von Zeit zu Zeit vertraten sich die beiden dunkeln Gestalten kurz die Füße, stießen ihren Atem weiß dampfend in den Abend oder bewegten die Münder, als beklagten sie sich leise und unbestimmt, aber nachhaltig.

Erst als ihre Tochter endlich mit Tüten und Taschen und Paketen überladen im grell beleuchteten Haupteingang des Warenhauses erschien und munter rief: »Hallo, Mama! Hallo, Papa!, entschuldigt bitte die Verspätung!«, entspannten sich die Gesichter des Juwelierehepaars Mendez wieder, und man ging sogleich zu dritt in das nahe Kaffeehaus, das für seine frischen Apfelküchlein mit Vanillesauce stadtbekannt war.

## PAPA!

Wenn die Kinder in dem kleinen Schwimmbecken hinter dem Haus herumtollen und »Papa! Papa! Papa!« rufen, klingen ihre Stimmen voll und warm und glücklich. Manchmal springen sie vom Rand des Beckens in seine Arme, er fängt sie auf, eins nach dem andern, küsst sie und lässt sie behutsam ins Wasser gleiten, wo sie strampelnd, vor Freude kreischend und lachend, gleich wieder raus wollen, um abermals zu springen. Würde er sich auf den Kirchplatz stellen, die Kinder würden keine Sekunde zweifeln, dass er sie dort ebenso problemlos auffängt, und würden ohne zu zögern eins nach dem andern vom Kirchturm springen. Sind die Kinder im Schwimmbecken vom Spielen und Lachen hungrig geworden oder wird es plötzlich kühl, weil sich eine Wolke vor die Sonne schiebt, trocknet der Vater die Kinder ab, gründlich, aber sacht und sanft, als wären sie aus Porzellan. Bevor er sie in trockene Tücher hüllt, schmiegen sie sich an ihn, umklammern seine Beine, genießen seine fürsorgliche Geduld.

Fährt der Vater nach dem Bad zur Freude der Kinder mit dem Wagen zum Eisessen über die schmale Bergstraße ins nächste Dorf, rast er um die Kurven, als würde er vom Teufel gehetzt.

## AM FEUER

»Mama hat bestimmt keine Ahnung, wie ein Bus von innen aussieht, aber auch du fährst mit dem Wagen ins Büro, obschon du weißt, wie schädlich das ist«, sagte der Junge zum Vater.

Am Nachmittag waren sie schweigend durch ein Bergtal gewandert, jeder nur mit seiner eigenen Anstrengung, mit seinen eigenen Gedanken beschäftigt. Jetzt redete der Junge. Das Feuer im Kamin loderte, warf einen rötlichen Schimmer auf sein Gesicht. Und der Vater hörte zu, das konnte er, das wollte er, das musste jetzt einmal sein. Als der Junge verstummt war, sagte der Vater: »Aber du gehst doch in eine teure Schule, in eine der besten der Stadt, du warst doch als Austauschschüler in Amerika, du hast doch schon wieder ein neues Rad, diesmal ein ultramodernes Geländerad, ich verstehe nicht, worüber du dich eigentlich beklagst.«

Darauf warf der Junge noch ein Scheit ins Feuer.

## BÜCHER, NICHTS WEITER

»Er liest sehr gerne Tiergeschichten«, sagte die Mutter. Bevor er ihr einen Titel empfahl, betrachtete der Buchhändler den Jungen an ihrer Hand.

Der Buchhändler war ein hagerer Mann. Er war glatzköpfig und auf der Nase hatte er eine Brille mit runden Gläsern. Der Buchhändler trug immer eine schwarze Krawatte und an den Ärmeln seines Jacketts hatte er aufgenähte Ellbogenschoner aus Leder.

Das verkaufte Buch hielt der Buchhändler auf der linken Hand, flach und sanft, als wäre es ein frisch gebügeltes und zusammengefaltetes Hemd. Er wickelte das Buch in braunes Papier, packte es noch einmal aus, um den Staub wegzupusten, der sich oben zwischen den Deckeln angesammelt hatte.

»Nein«, beschwichtigte er die Mutter darauf abermals, »ihr Junge ist bestimmt nicht mehr zu klein für diese Geschichte.« Und als er den Blick der Mutter bemerkte, sagte er: »Ach wissen Sie! Bücher, nichts weiter.« Dazu lächelte er, als würde er an etwas sehr Fernes, an eine schöne Insel oder an eine freundliche Robbe in der Arktis denken.

## UNSER SOHN!

Da sie es kaum fassen konnten, dass ihnen unmittelbar vor ihren Augen etwas derart Eigenes, derart Lebendiges erwuchs, starrten sie ihn oft ungläubig an, dachten dabei: Unser Sohn! Unser Sohn! Sie schauten ihn an, als wäre er von einem andern Stern. Unser Sohn!

Sie starrten ihn ununterbrochen an.

Mit den Jahren begann er seinerseits zu starren. Er starrte an seinen Eltern vorbei ins Leere.

Dann kam ein Schreiben von der Schule.

Als die Lehrerin an der kleinen, mit den Eltern vereinbarten Sitzung auf den leeren Blick zu reden kam und ihrer Vermutung Ausdruck gab, er könnte von übermäßigem Fernsehkonsum herrühren, antwortete der Vater nüchtern, die Lehrerin im Beisein des Schulvorstehers für alle Zeiten disqualifizierend: »Wovon reden Sie eigentlich, wir besitzen ja gar keinen Fernseher!«

Die Mutter dagegen wusste nicht, wovon gesprochen wurde. Sie lächelte still vor sich hin und dachte: Unser Sohn! Unser Sohn!

# RAUCH

Seit sieben Monaten arbeiten sie zusammen in der gleichen Abteilung. Seit sieben Monaten machen sie stündlich auf der Terrasse vor ihrem Büro eine gemeinsame Zigarettenpause. Seit sieben Monaten missfallen ihr an ihm die gekünstelte Entspanntheit, die aufgesetzten lockeren Kommentare zu Wetter, Sport und allgemeinem Tagesgeschehen. Seit sieben Monaten weiß sie, dass sie ihm gefällt.

Er findet seit sieben Monaten, dass sie besonders bei den ersten Zügen den Rauch der stündlich auf der Terrasse vor dem Büro angezündeten Zigaretten sehr gierig, sehr tief in ihren Bauch hinunter inhaliert. Unanständig tief, findet er.

# DAS RAD

»Aber natürlich nicht!«, sagte die Kandidatin einer Volkspartei für den frei gewordenen Sitz im Rat der Minister an der Wahlveranstaltung im Gasthof Löwen. »Natürlich nicht! Weder wir noch sonst jemand kann das Rad der Geschichte zurückdrehen, wir müssen folglich unbedingt die Rahmenbedingungen bereitstellen, die eine gesunde wirtschaftliche Entwicklung unserer Städte und Regionen zu gewährleisten vermögen. Natürlich ist dabei insbesondere der Umwelt die ihr gebührende Beachtung zu schenken. Um die Problematik der Umwelt und insbesondere der Problematik ihrer Belastung kommen wir natürlich nicht herum. Diesbezüglich muss jeder Sachverhalt auf das sorgfältigste geprüft werden. Natürlich ohne dabei das gesunde Maß aus den Augen zu verlieren. Mit voreiligen Überreaktionen ist niemandem geholfen. Natürlich gilt das auch für den Straßenbau, der lange Zeit, ich möchte sogar sagen, gerade in Ihrer Region, meine sehr geehrten Damen und Herren, zu lange Zeit sträflich vernachlässigt worden ist. Ich wiederhole mich deshalb absichtlich noch einmal: Wir können das Rad der Geschichte nicht zurückdrehen, es gibt Entwicklungen, die lassen sich nicht aufhalten. Es gibt Entwicklungen, deren Herausforderungen wir uns stellen müssen, um auch in Zukunft in uneingeschränkter Freiheit leben zu können. Meine Damen und Herren, ich danke Ihnen«, sagte die Kandidatin einer Volkspartei für den frei gewordenen Sitz im Rat der Minister zum Abschluss, worauf sich der Saal des Hotel Löwen mit tosendem Applaus füllte.

## DER JÄGER BETRITT DIE NATUR

Der Berg ist hoch, der Hang ist wild. Mit einem Blick zurück auf den am Straßenrand leicht schief geparkten Ford Fiesta begibt sich der Jäger an den äußersten Rand der Welt aus Beton und Teer und gewalztem Kies. Er gibt sich einen Ruck, schon setzt er seinen Fuß in die Landschaft. Erst nur einen. Auf einen Stein in der Böschung setzt er ihn. Die Flinte legt er quer über das Knie. Er fühlt das blanke Holz, er atmet tief, seine Brust wölbt sich. Er zieht die Jagdmütze tiefer in die gefurchte Stirn. In der Steckvorrichtung an seiner wasserdichten Jägerjacke funkelt der Messing der Schrotpatronen. Und jetzt der andere Fuß: Auch diesen setzt der Jäger hinein, mitten hinein in die Landschaft, in die Wildnis, in den Bereich der Ursprünge, der Instinkte und des Lebens überhaupt, denn jeder Jäger weiß um die archaische Dimension seiner Tätigkeit. Der Jäger ist der Mensch in der Natur. Der Jäger ist der Mensch. Der Jäger ist der Mensch allein mit den elementaren Kräften, ausgeliefert der Unbill des Wetters, der Anstrengung im Kampf mit den Tücken der Topografie, ausgeliefert dem Glück und der Gefahr und den idiotischen Joggern, die mit ihrer Rumraserei noch den allerletzten Hasen vertreiben. Aber der echte Jäger lässt sich durch nichts beirren, er dringt weiter, immer weiter hinein in die Natur, wagt noch einen schwierigen Schritt. Das zweckgebundene Schuhwerk knackt, noch ist es praktisch unbenützt, doch der Jäger ist zufrieden, die in der Werbung als griffig gepriesene Sohle greift!

LESENDE

1
Schnee ist gefallen. In den Büros und den Geschäften der Stadt wurde die Arbeit wieder aufgenommen. Noch ist es dunkel. In einem Café der Münstergasse sitzt ein Mann an einem runden Tisch mit einem Buch vor den Augen, raucht Pfeife und liest.

2
Gleich nach dem Betreten der S-Bahn Linie 8 hat sie die obersten Knöpfe ihres Mantels aufgeknöpft. Jetzt umklammert sie das Buch der Unruhe, fährt nach Zürich und liest.

3
Er sitzt an einem runden Tisch auf einem Platz mitten im Geschäftszentrum der Stadt. Seine leere Kaffeetasse hat er zurückgeschoben. Das Buch, das er in den Händen hält und gerade im Begriff ist aufzuschlagen, ist rot. Es ist leicht als der viel besprochene Erstlingsroman einer jungen Frau von 23 Jahren zu erkennen. Der Mann öffnet das Buch wie ein Geschenk. Konzentriert, offensichtlich mit aufgestauter Vorfreude, neugierig, interessiert. Bevor er zu lesen beginnt, streicht er mit der flachen Hand über die erste Seite.

4
Allein in einem Abteil, hat sie die Schuhe ausgezogen und ihre Füße auf den Sitz gegenüber gelegt. Sie hält ein dickes Taschenbuch mit dem in silbernen Lettern gedruckten Titel Jamaica in

der linken Hand. Mit der rechten Hand wühlt sie ohne ihre Lektüre zu unterbrechen in ihrer Tragtasche. Ihre Brille ist randlos, ihr feines Haar glänzt. Dann beißt sie mit weit geöffnetem Mund in einen Apfel und blättert mit dem linken Daumen gleichzeitig eine Seite um.

5

Noch ist die Plattform leer. Die Aare rauscht, weiß schäumt sie über die Schwellen.

Am Baum steht sein Rad. Er hat sich auf der grünen Bank mit einem Buch ausgestreckt und liest.

6

Noch hat die Ampel nicht auf Grün geschaltet, aber schon geht sie los, eilt über die Straße im offenen Mantel, die schwarze Tasche an ihrer Seite wippt. Sie greift mit der einen Hand nach dem Schulterriemen und drückt mit der andern ein Buch noch fester an ihre Brust.

7

Wenn ein Kunde die Ladentür aufstößt, hört der Buchhändler die Klingel. Er sagt Guten Tag. Manchmal ohne aufzuschauen. Er liest. Die Beine übereinander geschlagen.

Um Auskunft gebeten, antwortet er zuvorkommend; betätigt er die Kasse, sagt er: »Merci.« Verlässt der Kunde den Laden, sagt er: »Auf Wiedersehen!«, widmet sich dann wieder seinem Buch, das er mit beiden Händen auf den übergeschlagenen Knien festhält, als befürchtete er, man wolle es ihm entreißen.

8
In der Regionalbibliothek. Ein Mann im Ledermantel hinkt mit Mütze und Stock durch die Eingangstür, dreht einer Studentin seinen Rücken zu, an dem ein großer Rucksack hängt. »Können Sie mir helfen?«, fragt er sie und zeigt auf den Tragriemen. »Ich kann das nicht mehr allein«, sagt er. Das grüne Tuch spannt sich über ein Dutzend oder mehr Bücherrücken. »Sie haben aber viel gelesen!«, sagt die vom Gewicht überraschte Studentin.

»Ja«, sagt er, »man wird alt«, und hinkend geht er zum Ausgabeschalter.

9
Das Fahrrad lehnt am Geländer des Kellereingangs, er sitzt mit der Velokuriertasche am Rücken auf einer Holzbank vor einer Bäckerei. Nach vorne gebeugt, die Ellbogen auf den kräftigen Radfahrerschenkeln aufgestützt, die Kiefer mahlend, in der Hand ein schwarzes Buch.

10
Auch sie hat die Schuhe ausgezogen und die Füße auf den gegenüberliegenden Sitz im leeren Erstklassabteil gelegt. Aber sie schläft. Auf ihrem Bauch, aufgeschlagen und umgedreht: Oblomov.

# BERG UND TAL

Bei einer Bergfahrt riss kurz vor der Mittelstation an der mit Skifahrern restlos besetzten Kabine einer Schwebebahn das Zugseil, ohne dass sich die für solche Fälle vorgesehenen Sicherheitsmechanismen eingeschaltet hätten. Die automatische Bremsvorrichtung versagte.

Die Kabine schoss an dem Tragseil mit zunehmender Geschwindigkeit auf die Talstation zu. Den dicht beieinanderstehenden Fahrgästen muss ihr Los innerhalb von Sekunden klar gewesen sein. In Erwartung des unmittelbar bevorstehenden Aufpralls werden die einen mit lähmendem Entsetzen, die anderen mit einem panischen Aufschrei reagiert haben. Einer erkämpfte sich aber gegen den Widerstand sämtlicher Mitpassagiere den Weg zu dem kleinen Schiebefenster neben der von außen verriegelten Tür. Er wurde beschimpft, gestoßen, getreten und mit aller Kraft zurückgehalten. Seine Panik war jedoch so gigantisch, dass er auf unerklärliche Weise zu dem Fenster gelangte, sich dort von den ihn überall festklammernden Händen losreißen und sich sogar strampelnd und tobend durch die für seinen Körper eigentlich viel zu kleine Öffnung hindurchzwängen und in den Abgrund stürzen konnte.

Beim ersten Aufprall auf dem Kronengeäst einer Rottanne und beim nachfolgenden Durchschlagen des dichten Astwerkes brach er sich zweimal den Rücken, das Becken und beide Arme und Beine, noch bevor er auf dem Waldboden landete. Verstümmelt, zerquetscht, geschunden wurde er ins Kantonsspital eingeliefert und überlebte.

Von den andern Fahrgästen wurden im Umkreis von zehn Kilometern der völlig pulverisierten Talstation zwar Spuren, jedoch nichts Identifizierbares mehr gefunden.

## DORFGESCHICHTE

Als der Sohn des Schweinemästers fürchterlich verschrammt und fluchend aus den Trümmern seines Wagens kroch, glaubten viele im Dorf an ein Wunder. Man pilgerte zu der Kurve, wo der Wagen ins Schwimmen, dann ins Schleudern und schließlich von der Straße abgekommen war. Mit der Hand vor dem stummen Mund starrte man den Hang hinunter auf das geborstene Blech und schüttelte den Kopf. Nachdem er sich dreimal überschlagen hatte, war der Wagen am Rand der Schlucht von vereinzelt dort stehenden Kiefern aufgefangen worden.

Zwei Monate später kam der Schweinemäster selbst von der kurvenreichen Straße ab. Anders als sein Sohn fuhr er immer sehr langsam, trank aber in der nahen Stadt oft mehr, als seine Fahrkünste ertrugen. Seinem alten Fiat standen keine Kiefern im Weg. Zwei ganze Tage dauerten die Anstrengungen der Feuerwehr, die Leiche aus der Schlucht zu bergen.

Vier Wochen nach der Beerdigung des Schweinemästers missachtete der Briefträger den eingeschränkten Rechtsvortritt und fuhr ohne abzubremsen auf die nahe Hauptstraße. In seinem Leben habe er so etwas noch nie mit ansehen müssen, sagte der Priester, als die Särge der drei Kinder durch die bis zum letzten Platz besetzte Kirche getragen und neben die Särge der Eltern vor den Altar gestellt wurden. Ein Lastwagen hatte den Wagen des Briefträgers seitwärts gerammt und vierzig Meter weit weggeschleudert. Die Insassen waren alle auf der Stelle tot.

Danach sprach man im Dorf viel von den drei kleinen Särgen, auch von den Straßen. Man sagte, wären sie gebaut worden, wie es sich gehörte, müsste man sich weniger vor Unfällen fürchten.

Noch im gleichen Monat stieß der Ladeninhaber des Dorfes frontal mit einem Viehtransporter zusammen. Der Ladeninhaber befand sich mit seiner Familie auf dem Rückweg aus der nahen Stadt, als es spätabends zu regnen begann und er in einer unübersichtlichen Kurve auf die entgegenkommende Fahrbahn geriet. Nur der kleine Sohn des Ladeninhabers überlebte den Zusammenstoß. Er hatte hinten im Wagen zwischen seinen beiden Schwestern gesessen. Aber auch er starb später noch an der Unfallstelle.

Ebenfalls auf dem Weg in die nahe Stadt raste wenige Wochen später die Tochter des Wirtes bei einem Überholmanöver mit 160 Kilometer pro Stunde gegen einen Strommast am Straßenrand.

Im Nebel auf der Autobahn verwickelte sich der Gehilfe des Tischlers dann in eine Massenkollision, bei der er zwar einer der Überlebenden war, aber einen Arm verlor, und zwar denjenigen, an dessen Hand er noch alle Finger hatte.

Kurz darauf ließ abermals eine ganze Familie aus dem Dorf das Leben auf der Straße. Die Umstände waren so sinnlos und grauenvoll, dass man sich hütete, davon zu sprechen. Da sich das Unglück dort zugetragen hatte, wurde die Trauerfeier in der nahen Stadt abgehalten. Vereint traten die Dorfbewohner die Reise an, in einem gemieteten Bus. Geredet wurde wenig, man wollte sich gegenseitig die unerträglichen Einzelheiten ersparen, war aber allgemein überzeugt, dass man von einem Fluch geschlagen worden war.

Die Totenmesse dauerte ungewöhnlich lange, die Kirche füllte sich mit dem Schluchzen und Heulen der Männer und

Frauen, das nicht enden wollte. Nie haben Priester eindringlicher um die Gnade Gottes gebetet.

Auf der Rückreise rammte der Bus bei der Auffahrt von der Autobahn eine Signaltafel, kam ins Schleudern und überschlug sich in der engen Kurve mit großer Geschwindigkeit.

Von den 76 Bewohnern des Dorfes überlebten den Unfall 42. Auch der Fahrer überlebte. Er bestreitet, am Steuer eingeschlafen zu sein, und behauptet unbeirrt, der ganze Hergang der Tragödie sei ihm unerklärlich.

## DIE FRAU BÄCKERIN

In ihrer weißen Schürze steht sie stattlich zwischen den Broten und den Brötchen, doch ihre Stimme ist leise, die Art und Weise, wie sie ihre Kunden bedient, zurückhaltend. »Was darf es sein?«, fragt sie höflich, dreht sich dann um oder macht die paar notwendigen Schritte zu einem der Regale, wickelt das verlangte Brot in weißes Papier oder füllt eine Tüte mit den verlangten Brötchen. Manchmal wechselt sie mit einer ihr bekannten Kundin ein paar Worte, jedoch ohne zu lächeln, meistens verhalten, immer von einem Hauch von leiser Trauer und Müdigkeit begleitet. Viel mehr als den Preis sagt sie eigentlich nie. Verlassen die Kunden ihren Laden, erwidert sie zwar deren Gruß, jedoch ohne ihnen nachzuschauen, und bevor sie die nächste Kundin oder den nächsten Kunden fragt: »Was darf es sein?«, lässt sie ihre Augen für eine Sekunde irgendwo zwischen den Broten und den Brötchen hindurch in eine Ecke starren, als suchte sie schon lange nach einem Gegenstand, aber habe vergessen, was es ist.

Verlässt die Bäckersfrau ihren Laden, um nebenan in der gleichen Straße eine Besorgung zu machen oder um gegenüber auf der Post ein Paket aufzugeben, misst sie ihre Schritte langsam und vorsichtig, gleichzeitig nicht ohne Anmut und Würde.

Nur am Steuer ihres Lieferwagens wird sie an Kreuzungen zu einem hupenden Haufen Ungeduld. Schon in den nächsten Tagen wird sie einen ihrer Kunden überfahren.

## SCHWARZ UND WEISS

Zum zwanzigsten Geburtstag bekam er einen schwarzen Golf geschenkt. Auf seiner ersten langen Fahrt überquerte er mitten in der Nacht einen verschneiten Pass. Er geriet auf Glatteis, prallte gegen einen Markierungspfosten, stürzte in den Abgrund und war tot.

## ZEITUNGSNACHRICHT

Erst 19-jährig, geriet ein junger Mann an einem Sonntag um zwei Uhr morgens zwischen Rümlang und Glattbrugg in einer lang gezogenen Linkskurve über die rechte Fahrbahn hinaus in den angrenzenden Acker, überschlug sich mehrmals, wurde, weil er nicht angeschnallt war, aus dem Wagen geschleudert und war auf der Stelle tot.

## DER ZEBRASTREIFEN

Nachdem das Zebra versucht hatte, eine verkehrsreiche Straße zu überqueren, blieb außer einem blutigen Streifen auf dem Asphalt nichts mehr von ihm übrig.

## JÄGER UND MITLÄUFER

Der grüne Golf raste der Piste des Flughafens entlang quer durch die Talebene. Am Horizont türmten sich wilde Wolken. Es war kurz nach Sonnenaufgang.

»Also, ich wiederhole«, sagte der Jäger, »ich nehme noch im Auto die Flinte zu mir, schleiche unmittelbar an der Grenze zum Schongebiet auf den Uferdamm und schieße. Erst dann holst du den Hund hinten aus dem Wagen und bringst ihn mir. Aber wirklich erst, wenn ich geschossen habe.«

Der Mitläufer nickte.

Als der Jäger am Straßenrand parkte, fuhr ein Radfahrer vorbei und der Hund knurrte. Auf dem Flugplatz dröhnte ein Motor. Mit der Flinte vor der Brust eilte der Jäger davon.

Der Mitläufer wartete.

Plötzlich stand der Jäger oben auf dem Uferdamm. Mit der Flinte im Anschlag spähte er nach links und nach rechts.

»Kein Glück?«, fragte der Mitläufer.

»Diese Enten sind gerissen«, antwortete der Jäger. »Im Gegensatz etwa zum Schwan, der überall reinlatscht und keine Fluchtdistanz mehr kennt.«

Der Mitläufer folgte dem Jäger dem Uferweg entlang. Wieder startete ein Flugzeug. Zwei Jogger rannten vorbei. Eine Schulklasse folgte. Die Kinder kicherten und lachten, als sie den Jäger sahen, der kurz darauf die Flinte anlegte und auf den Fluss hinausschoss. Es war ein nasses, graues Knäuel, das der Hund apportierte.

»Eine Stockente«, sagte der Jäger. »Nicht die jüngste.« Die Hand des Jägers zitterte.

Auf dem Rückweg bedankte sich der Jäger. »Du bist ein vorzüglicher Mitläufer gewesen«, sagte er.

»Ach ja? Wie sind denn die andern?«, fragte der Mitläufer.

»Die drängen sich vor, haben die Nase immer zuvorderst und wissen alles besser. Die sind so lästig, dass man weder etwas sieht noch trifft«, antwortete der Jäger.

# WOHNLAGE

Unter dem Titel *In ruhiger Wohnlage* hatte Frau Aebischer vor mehr als zwanzig Jahren jenes Inserat entdeckt, das schließlich zum Kauf ihres Hauses geführt hatte.

Vor dem eigentlichen Entscheid war es Herrn Aebischer vorbehalten gewesen, die verschiedenen möglichen Anfahrtswege bei unterschiedlicher Verkehrsfrequenz zu prüfen. Von seinem Büro in einem eidgenössischen Verwaltungsgebäude bis vor das Tor der Garage hatte er nie länger als 45 Minuten benötigt. Die Tatsache, dass auf dem Hauptanfahrtsweg ein Autobahnteilstück kurz vor seiner Inbetriebnahme stand, betrachteten Herr und Frau Aebischer als zusätzliches Glück.

Ob der Entscheid für das Haus in ruhiger Wohnlage richtig gewesen war, daran haben Herr und Frau Aebischer auch nachdem erst ihre Tochter und dann ihr Sohn bei Verkehrsunfällen ums Leben kamen, nie gezweifelt.

## MEIN NACHBAR, DER KRIEGSVETERAN

Das dreistöckige Haus war, wie in Nordamerika nicht unüblich, ganz aus Holz gebaut. Dem Eingang war eine gedeckte Veranda vorgelagert, die man über zwei hölzerne Stufen erreichte. Wenn mein Nachbar, der Kriegsveteran, nachts angetrunken oder besoffen von einem Kollegen vor dem Haus abgesetzt wurde, machte er je nach Zustand zwei, drei größere oder ein paar kleinere Sprünge auf diese Veranda, riss die Haustür auf und schrie nach seiner Jill, seiner bleichen, die Tage in Unterhosen und einem T-Shirt vor dem Fernseher verbringenden Ehefrau, die mit ihren neunzehn Jahren jünger war als er.

Es kam vor, dass Jill ihre Katze noch nicht hereingelassen hatte und diese, vorsichtig Distanz haltend, die Schwanzspitze auf die weißen Vorderpfoten gelegt, auf der Veranda wartete, um, sobald sich eine Gelegenheit bot, ins Haus zu schlüpfen.

Auch vor der Wohnungstür wartete sie geduldig und brav. Es war eine Tür, die zur Hälfte aus lichtdurchlässigem, grünbraunem Glas bestand. War sie von innen so verriegelt, dass sie mein Nachbar von außen nicht öffnen konnte und, dadurch in Wut versetzt, mit beiden Fäusten auf sie einschlug, dass das Glas scheppterte und zu bersten drohte, zog sich die Katze in eine dunkle Ecke des Treppenhauses zurück. Manchmal öffnete Jill ziemlich bald, manchmal aber auch erst, wenn er ihr mit Vorgehensweisen drohte, die er in allen Details beschreiben konnte, weil er sie im Krieg, sei es auf Befehl, sei es aus freien Stücken, mit aller Konsequenz erprobt hatte.

Bevor Jill von zwei weiß gekleideten Männern auf einer Bahre zum wartenden Krankenwagen getragen wurde, war mein Nachbar mittags im Streit aus dem Haus gegangen.

Der Streit musste sich um das viel zu früh aufgebrauchte Arbeitslosengeld gedreht haben, denn Jill hatte meinem Nachbarn laut schreiend vorgerechnet, dass sein maßloses Biersaufen ihr halbes Budget verschlinge, worauf er noch lauter schreiend behauptet hatte, sein Bier würde sie wohl kaum teurer kommen als ihre ununterbrochene Kifferei.

Die Wucht, mit der er darauf die Wohnungstür und die Haustür zuknallte, ließ sämtliche Wände des Hauses erzittern.

Ebenso laut kehrte er zurück.

Der Fahrer des roten Pick-up-Trucks, der ihn herbrachte, schrie lachend eine Obszönität der derberen Art in die längst still gewordene Nacht hinaus, hupte laut, lang und drohend, trat im Leerlauf auf das Gaspedal, hupte abermals, bevor er sich mit quietschenden Reifen davonmachte.

Längst hatte mein Nachbar inzwischen nach Jill geschrien, war mit seinen Westernboots, die Stufen überspringend, auf die Veranda gepoltert, hatte die Haustür aufgerissen, dabei gegen die neben ihm ins Treppenhaus huschende Katze getreten und vor der verriegelten Tür getobt, dass das ganze Haus aufwachte und auch in dem Haus gegenüber die Lichter angingen.

Solche Türen und dickere habe er in Vietnam Dutzende problemlos eingeschlagen, sogar mit bloßen Händen. Dabei sprach er Vietnam so aus, dass nur noch Nam zu hören war.

Er habe ganze Nester von schlitzäugigen Guerillas ausgehoben und nicht nur Häuser, sondern ganze Dörfer in Brand gesteckt. Diese Hütte hier zu verbrennen, wenn sie jetzt nicht auf der Stelle die Tür aufschließe, sei für ihn ein Kinderspiel. Oder er schlage doch erst die Tür ein, damit er ihr noch zeigen könne, was sie in Nam mit jenen Huren von Weibstücken gemacht hätten, die sich weigerten, Türen aufzuschließen.

Als er aber das Schloss nicht aus dem Rahmen drücken und die Scheibe nicht mit bloßen Händen einschlagen konnte, wandte er sich plötzlich um nach der auf der Treppe harrenden Katze, hatte sie auch schon beim Schwanz, schwang sie durch die Luft und schmetterte sie auf das zersplitternde braungrüne Glas, öffnete von innen Riegel und Schloss, stürmte in die Wohnung und brüllte: »Jill, du weißt genau, dass ich immer halte, was ich verspreche.«

# Belletristik im Rotpunktverlag

Daniel Sebastian Saladin
GETÖTET WIRD KEINER
Roman, 192 Seiten, gebunden.
Zürich 1999
ISBN 3-85869-190-9
Ein Debüt-Roman über das Entgleiten der eigenen
Lebensgeschichte, über eine gespaltene Identität, die in
Selbstauflösung endet.

Heinrich Kuhn
HAUS AM KANAL
Roman, 224 Seiten, gebunden.
Zürich 1999
ISBN 3-85869-173-9
Der Roman »Haus am Kanal« erzählt, wie ein liebgewordener
Haushalt aufgelöst werden muß. Die »Abbruchsituation«
versetzt die Beteiligten in einen fragilen Zustand.

Jochen Kelter
DIE KALIFORNISCHE SÄNGERIN
Erzählungen, 208 Seiten, gebunden.
Zürich 1999
ISBN 3-85869-174-7
Außenseiterfiguren und Menschen, die im Schatten der
Geschichte standen: Die neuen Erzählungen von Jochen Kelter
wollen festhalten und sich erinnern.